# 人民当家作主

## 人民代表大会制度的运行和发展

RENMIN DANGJIA ZUOZHU

RENMIN DAIBIAO DAHUI ZHIDU DE YUNXING HE FAZHAN

本书编写组

人民出版社

# 努力把好制度的故事讲好

杨振武

制度优势是一个国家的最大优势，制度竞争是国家间最根本的竞争。实行什么样的政治制度，选择什么样的政治发展道路，是关系国家前途和人民幸福的重大问题。

2018 年 3 月，我转岗到全国人大工作。职务使然，浸润其中，我对人民代表大会制度有了更多的了解。仰之弥高，钻之弥坚。接触和了解越多，越深切地认识和感受到人民代表大会制度的强大生命力和显著优越性。人民代表大会制度是坚持党的领导、人民当家作主、依法治国有机统一的根本政治制度安排，是一个行得通、真管用、有效率的好制度。

人民代表大会制度好，好在扎根中国土壤、符合中国实际、具有中国特色。一个国家选择什么样的政治制度模式，是由这个国家的历史文化、社会性质、经济发展水平决定的。我国近代历史上那些照搬西方政治制度模式的各种方案，都由于水土不服，未能完成中华民族救亡图存和反帝反封建的历史任务，而最终失败。中国共产党诞生后，带领人民经过艰苦卓绝斗争，建立了中华人民共和国。1954年，人民共和国的缔造者们，同1200多名全国人大代表一道，召开了第一届全国人民代表大会第一次会议，在全国范围内建立起人民代表大会制度这一人民当家作主的新型政治制度。这个制度不是凭空产生，也不是“复制”得来，而是伴随中华民族求索民族复兴的历史进程一路走来，是中国共产党带领人民长期探索、反复比较、渐进改进的奋斗成果。任何一种政治制度的生长，都与其适宜的社会土壤息息相关，扎根沃野肥土，就会不断吸收养分而枝繁叶茂。不管是从中国政治发展史还是世界政治发展史看，人民代表大会制度都是具有划时代意义的伟大创造，为世界政治文明提供了新的制度样本。

人民代表大会制度好，好在坚持人民主体地位、扩大人民有序政治参与的民主底色。1948年，毛泽东同志在擘画新中国的政治制度时说：“我们是人民民主专政，各级政府都要加上‘人民’二字，各种政权机关都要加上‘人民’二字”。① 人民是国家的坚实基础，也是共和国政权的最大底气。我国《宪法》规定：“中华人民共和国的一切权力属于人民。”亿万人民怎样掌握国家政权、行使国家权力？这需要适当的组织形式和制度形式来实现、来保证。这个组织形式和制度形式，就是人民代表大会制度。人民通过普遍的民主选举，产生自己的代表，组成全国人民代表大会和地方各级人民代表大会，代表人民行使国家权力。各级人大对人

① 《毛泽东文集》第五卷，人民出版社1996年版，第135页。

民负责，受人民监督。在我国，人民当家作主不是一句空话，不是一个口号，而是具体地、现实地体现在国家和社会生活的各个方面。新中国成立以来，从法律体系的建成和完善到加强宪法法律的实施和监督，从代表选举实现城乡“同票同权”到强调代表更多来自基层一线，从公布法律草案征求意见到公众对人大工作的全方位参与，人民代表大会制度不仅保证了权力依法产生和运行，也保证了各国家机关的工作一切为了人民、一切依靠人民；不仅保障了人民民主选举的权利，也保障了人民民主协商、民主决策、民主管理、民主监督的权利。人民代表大会制度的设计和运行，构建起了解民情、反映民意、集中民智、珍惜民力的决策机制，实现了内容广泛、层次丰富的当家作主，保证了各项决策和各项工作符合人民利益和愿望，保证了人民真正成为国家和社会的主人。

人民代表大会制度好，好在保证国家机关协调高效运转、促进国家各项事业蓬勃发展的制度亮色。在我国，人大统一行使国家权力，国家行政机关、监察机关、审判机关、检察机关都由人大产生，对人大负责，受人大监督。各国家机关在中国共产党的领导下，为着同一个目标奋斗，集中力量开展工作，彼此不是相互掣肘，有效克服了议而不决、决而不行等问题，避免了相互扯皮、效率低下的弊端。我们国家的所有重大决策都要通过人民代表大会按照民主集中制原则，充分发扬民主，集体决定问题，通过反复酝酿、集思广益，实现科学决策、民主决策、依法决策。人大常委会会议表决议案，以全体组成人员的过半数通过；审议法律草案，要遵循“三审制”原则。而一旦作出决议，就迅速执行，不受任何牵扯。放眼今日中国，处处都有最新最美的图画，处处都是蓬勃向上的景象。人民代表大会制度，是国家治理体系和治理能力的重要支撑，是“中国之治”蕴含的重要制度密码。

人民代表大会制度是一座民主政治的富矿。十三届全国人大以来，以习近平新时代中国特色社会主义思想特别是习近平总书记关于坚持和完善人民代表大会制度的重要思想为根本遵循，人民代表大会制度和人大工作在坚持中巩固、在完善中发展，不断开新局、谱新篇。我们参与了国家根本法——《宪法》的修改，投下自己神圣的一票；见证了习近平主席手抚《宪法》，面向近3000名代表宣读誓词的庄严时刻，深切体会到什么是“国家的一切权力属于人民”的宪法理念。我们亲历了《英雄烈士保护法》、《农村土地承包法》、《外商投资法》、《疫苗管理法》、《民法典》等多部重要法律的制定和修改，见证了倾听人民呼声、汲取人民智慧、反映人民意愿的立法过程，深切体会到什么是“坚持人民主体地位”的价值追求。我们参与执法检查、听取审议有关国家机关工作报告，见证了人民监督政府、人民依法管理国家事务的具体实践，深切体会到什么是“任何权力都要受到制约和监督”的制度安排。我们在人大工作实践中，行使民主权利，发挥代表作用，见证了代表机关“民有所呼、我有所应”的履职尽责，深切体会到什么是“以人民为中心”的执政理念。所有这些，都让我们对人民代表大会制度肃然起敬。

人民代表大会制度的优越性为世界所瞩目，许多国家的政要、议员来华访问，都会主动提及政治制度话题，都想了解我国的人民代表大会制度。国外的普通民众也对此抱有越来越浓厚的兴趣。

习近平总书记等党和国家领导人向世界讲好中国故事，为我们作出了表率。然而现实的情况是，并不是所有人都能够对这一根本政治制度说得清楚、讲得明白。一些同志对人民代表大会制度关注不够、了解不多，因隔行而一知半解，因寡闻而底气不足，缺少理直气壮的自信。一些同志政治上糊涂，总是自觉不自觉地用西方那一套政治观念来衡量我们的制度，觉得我们的制度有欠缺、月亮不如西方的圆。出现这些问题，一个重要原因就是我们对人民代表大会制度的研究不够、阐释不深、传播不广，特别是不善于讲述中国制度的故事，不善于传播人大的声音，常常会面临“茶壶里煮饺子——有口倒（道）不出”的窘境。

伟大的时代需要精彩的讲述。我们能干好中国特色社会主义，也要能讲好中国特色社会主义，讲好我们的中国故事。党的十九届四中全会提出“加强制度理论研究和宣传教育”的要求，这既是坚定广大党员干部制度自信的要求，也有讲好制度故事、增强国际认同的考量。正是在这种信念和热情的感召下，我们以人民代表大会制度为主题开展课题研究，撰写了这本通俗理论读物。这本书主要围绕人民代表大会制度如何建立，人民代表大会制度如何保证人民当家作主，人民如何通过人民代表大会制度实现当家作主等展开。工作怎么做，故事就怎么讲。希望人们通过这本读物，对人民代表大会制度有更多了解和认识，从内心深处增强对这一制度的自信；也希望国际社会由此对中国式民主多一些理解和认同，少一些误读和偏见。

一代人有一代人的使命。制度建设具有根本性、全局性、稳定性和长期性。习近平总书记在庆祝全国人民代表大会成立60周年大会上的讲话中强调："我们要毫不动摇坚持人民代表大会制度，也要与时俱进完善人民代表大会制度。"①我们坚信，在新的奋斗征程上，在新的伟大实践中，人民代表大会制度一定能更好地发挥根本政治制度的作用，确保把国家和民族的前途命运掌握在人民手中。

（作者为全国人大常委会秘书长、机关党组书记）

① 习近平：《在庆祝全国人民代表大会成立六十周年大会上的讲话》，《十八大以来重要文献选编》（中），中央文献出版社2016年版，第56页。

# 目 录

# 第一章

# 中国共产党带领中国人民在人类政治制度史上的伟大创造

在一个国家的各种制度中，政治制度处于关键环节。以什么样的思路来谋划和选择政治制度模式，关系国家的前途命运。“在中国实行人民代表大会制度，是中国人民在人类政治制度史上的伟大创造，是深刻总结近代以后中国政治生活惨痛教训得出的基本结论，是中国社会一百多年激越变革、激荡发展的历史结果，是中国人民翻身作主、掌握自己命运的必然选择。”①习近平总书记这一重要论述，充分反映了中国人民探索符合国情的政治发展道路的曲折和艰辛，深刻揭示了实行人民代表大会制度的历史必然。

## 一、黑暗中的摸索与碰壁

不知从何处来，就不知向何处去。中华民族有着五千多年文明史，为人类文明发展作出了巨大贡献。1840 年鸦片战争后，由于西方列强的入侵和封建统治的腐败，中国逐渐沦为半殖民地半封建社会，面临空前严重的政治危机和民族危机。为了挽救国家危亡、实现民族振兴，无数仁人志士孜孜不倦寻找着救国道路。学习西方，

① 习近平：《在庆祝全国人民代表大会成立六十周年大会上的讲话》，《十八大以来重要文献选编》（中），中央文献出版社 2016 年版，第 53 页。

向西方国家寻找真理，是当时大多数追求进步的中国人的想法。毛泽东同志说："那时，求进步的中国人，只要是西方的新道理，什么书也看。……这些是西方资产阶级民主主义的文化，即所谓新学，包括那时的社会学说和自然科学，和中国封建主义的文化即所谓旧学是对立的。学了这些新学的人们，在很长的时期内产生了一种信心，认为这些很可以救中国"。"中国人向西方学得很不少，但是行不通，理想总是不能实现。多次奋斗，包括辛亥革命那样全国规模的运动，都失败了。"①

### （一）晚清洋务运动、戊戌变法、"清末新政"的失败

以曾国藩、左宗棠、李鸿章为代表的洋务派，推行以"富国强兵"为目标的洋务运动，甲午战争的惨败宣告了这一运动的破产。以康有为、梁启超等为代表的资产阶级改良派在光绪皇帝的支持下，开展了戊戌变法，变革政治、教育制度等，这场变法在守旧派的强烈反对下历时 103 天即告失败。迫于内忧外患，清政府从 1901 年起推行所谓"清末新政"，先后派五大臣访问日本和欧美，宣布实行"预备仿行宪政"，颁布《钦定宪法大纲》等，并于 1911 年 11 月 3 日颁布《宪法重大信条十九条》，决定按君主立宪制组织责任内阁。但清政府腐朽统治在中国人民心里早已失去了信用，这些"换汤不换药"的所谓新政犹如无水之鱼、无土之木，没有任何生机。1912 年 2 月 12 日，清帝退位，"清末新政"宣告失败。

① 毛泽东：《论人民民主专政》，《人民代表大会制度重要文献选编》（一），中国民主法制出版社、中央文献出版社 2015 年版，第 12—13 页。

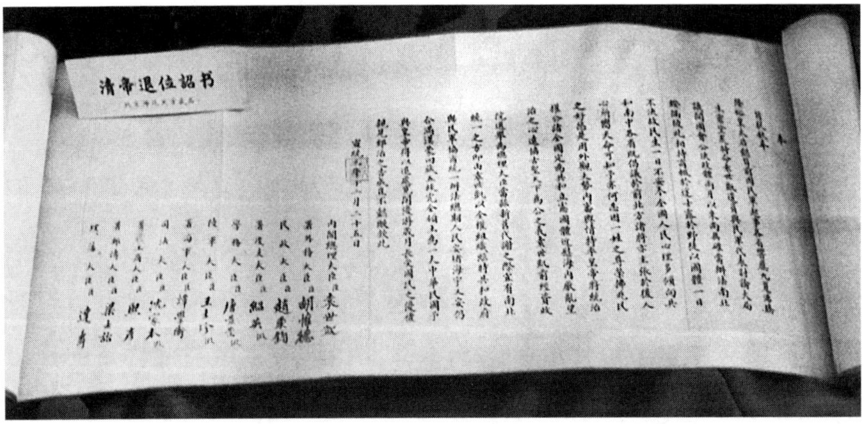

陈列在中国国家博物馆的清帝退位诏书。（新华社发）

## 延伸阅读 “立宪”与“开国会”

1905年，在中国东北发生的日俄战争中，日胜俄败。朝野普遍认为，日本以立宪而胜，俄国以专制而败。《东方杂志》刊文称，其时“上自勋戚大臣，下逮校舍学子，靡不曰立宪立宪”。1908年湖南人杨度起草请愿书并组织湖南代表率先进京上书，强烈要求朝廷速开国会，全国上下掀起速开国会的请愿高潮。杨度曾在其宣传君主立宪的文章《金铁主义说》中说：“吾今日所主张之唯一救国方法以大声疾呼号召于天下者，曰‘开国会’三字而已。”① 这些历史细节，反映出当时一些中国人对西方君主立宪、国会制度等的向往和崇拜。

① 杨度：《金铁主义说》，左玉河编：《中国近代思想家文库·杨度卷》，中国人民大学出版社2015年版，第151页。

## （二）辛亥革命的胜利果实被窃取

以孙中山为代表的资产阶级革命派高扬反对封建专制统治的斗争旗帜，连续发动武装起义。1911 年 10 月 10 日爆发的辛亥革命最终推翻了清朝的统治，结束了中国两千多年的封建帝制，建立了中华民国南京临时政府，孙中山被推举为临时大总统，中国第一部资产阶级性质的宪法——《中华民国临时约法》颁布。西方的政体与政党制度，如多党制、议会制、总统制等开始在中国尝试，但是这些照搬来的西方政治制度没有成为救国的灵丹妙药，辛亥革命的胜利果实很快被袁世凯窃取，临时约法被撕毁，“中华民国”变为名不副实的空招牌。

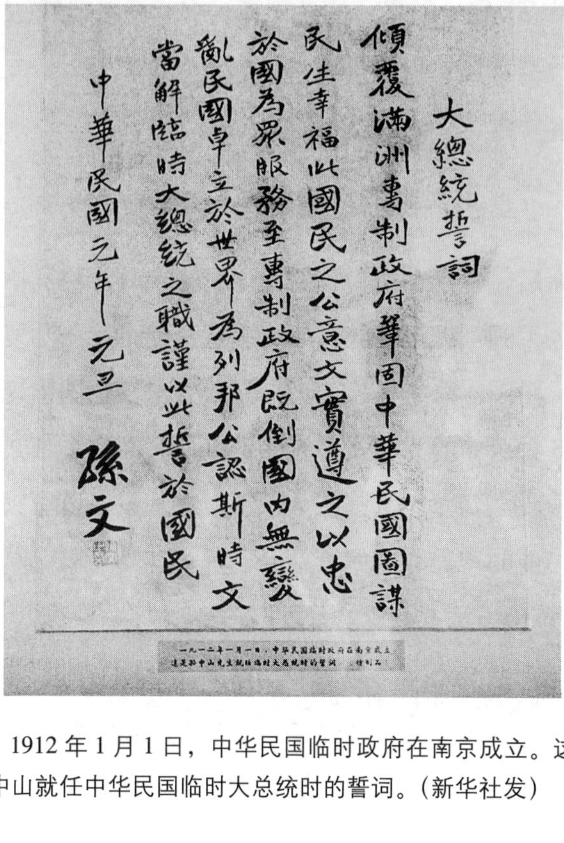
大總統誓詞
傾覆滿洲專制政府鞏固中華民國圖謀民生幸福此國民之公意文實遵之以忠於國為眾服務至專制政府既倒國內無變亂民國卓立於世界為列邦公認斯時文當解臨時大總統之職謹以此誓於國民
中華民國元年元旦
孫文

1912 年 1 月 1 日，中华民国临时政府在南京成立。这是孙中山就任中华民国临时大总统时的誓词。(新华社发)

延伸阅读 民国初期的第一届国会

1912年12月到1913年3月，依据临时参议院制定的《国会组织法》、《参议院议员选举法》、《众议院议员选举法》的规定，中国进行了历史上第一次国会选举，选举产生了870名参议院、众议院议员(参议院议员274名、众议院议员596名)，时人称之为“八百罗汉”，这也是旧中国唯一一届经过全国各省区选举而产生的正式国会。不少人对此寄予期望，当时《申报》社论《敬告选举人》中说：“吾国今日之国势已如是，强弱兴亡，在此一举。”但现实很快打破了这一期盼。袁世凯就任大总统后，便着手踢开国会，搞独裁和复辟。1914年1月，第一届国会勉强运转了9个多月后被袁世凯非法解散。

### （三）北洋政府时期的政治乱象

辛亥革命后，以袁世凯为首的北洋军阀在政治格局中占据主导地位，中国进入军阀割据混战的时代，袁世凯称帝、张勋复辟等政治闹剧频频上演，内阁、总统更换如走马灯。当时，全国出现了300多个政党组织，各种版本的宪法文件先后推出，表面上看很热闹，西式的选举、议会、政党乃至宪法都齐全了，但这些只是以军阀为代表的政治势力操控局面的“提线木偶”，人民说话依旧“不算数”。

延伸阅读 “贿选总统”和“贿选宪法”

1923年10月，经恢复后的国会举行总统大选。直系军阀曹锟为了获选大总统职位，预先提出以5000元到10000元不等的价格收买议员。待选举日时，由于出席人数不足，曹锟的班子到处围堵议员到场投票，即便是投反对票也同样支付大洋，最后共有议员590余人参加投票，曹锟以480票“当选”总统。时人将曹锟称之为“贿选总统”，将收受贿赂的议员称之为“猪仔议员”，国会为“猪仔国会”。曹锟当选后，国会通过的《中华民国宪法》，也因之被称为“贿选宪法”。

### （四）南京国民政府时期的国民党统治

1928年中国实现了形式上的统一，但国民党统治下的南京国民政府代表了大地主阶级和买办资产阶级的利益，1931年通过的《中华民国训政时期约法》，更是从法律上确认了国民党的专制独裁统治。对于广大的无产阶级、农民阶级、小资产阶级以及其他社会进步人士来说，始终处于被压迫、被奴役、被剥削的境地，民族独立、国家统一、人民解放的问题一个都没有解决。

#### 延伸阅读 南京国民政府时期的宪法变迁

南京国民政府时期，先后颁布过多部宪法性文件，包括《中华民国训政时期约法》、《中华民国宪法草案》、《中华民国宪法》等，但都不过是利用资产阶级宪法的形式装点门面、脸上贴金，实质是维护国民党专制独裁。

回顾鸦片战争以后的近代历史，面对日益深重的政治危机和民族危机，无数仁人志士为改变中华民族前途命运而不懈求索，中国经历了从技术层面、社会革命层面、实业层面到制度层面、文化层面的反复探索和实践。君主立宪制、议会制、多党制、总统制等各种西方的政治制度和模式先后在中国都尝试过。但帝国主义的压迫、民族资产阶级的软弱性、中国的历史文化土壤等诸多因素，决定了它们都以失败而告终的命运。

习近平总书记鲜明指出："不能想象突然就搬来一座政治制度上的'飞来峰'。"① 历史充分说明，一种政治制度的生长，总是与社会土壤息息相关。扎根所生存的土壤，就会不断吸收养分而枝繁叶茂；离开了适宜的土壤，难免"橘生淮北则为枳"。囫囵吞枣、邯郸学步，照抄照搬他国的政治制度是行不通的。"只有扎根本国土壤、汲取充沛养分的制度，才最可靠、也最管用"。②

## 二、艰辛探索和伟大创造

中国共产党从成立之日起就将"人民"二字镌刻在自己的旗帜上，以实现人民当家作主为己任。以毛泽东同志为主要代表的中国共产党人深刻认识到，要实现民族独立、人民解放和国家富强、人民幸福，就必须彻底推翻剥削阶级统治广大人民群众的政治制度，建立全新的人民民主的政治制度，真正由人民当家作主。

历史的画卷在砥砺前行中铺展。在领导人民进行革命的伟大斗争中，中国共产党创造性地把马克思主义国家学说同中国具体实际结合

① 习近平：《在庆祝全国人民代表大会成立六十周年大会上的讲话》，《十八大以来重要文献选编》（中），中央文献出版社2016年版，第59页。

② 习近平：《在庆祝全国人民代表大会成立六十周年大会上的讲话》，《十八大以来重要文献选编》（中），中央文献出版社2016年版，第60页。

起来，对建立新型人民民主政权及其组织形式进行了长期探索和实践。

### （一）开天辟地：中国共产党的诞生

1921 年 7 月 23 日，中国共产党第一次全国代表大会在上海法租界望志路 106 号开幕，为躲避搜查，最后一天的会议转移到浙江嘉兴南湖的一艘游船上。这次大会庄严宣告了中国共产党的诞生，通过了党的第一个纲领，确定党的名称为“中国共产党”，明确提出“承认苏维埃管理制度，把工人、农民和士兵组织起来，并承认党的根本政治目的是实行社会革命”①。在党的一大上，代表们认真讨论了党的第一个工作决议，明确提出“我们主张共产党是工人的党”，要求党成立后要加强组建产业工会，在工人中发展党员。

延伸阅读

#### 蔡和森：“明目张胆正式成立一个中国共产党”

1920 年，蔡和森在法国给陈独秀和毛泽东的信中提出，要改造中国社会，必须“明目张胆正式成立一个中国共产党”。这个党是“革命运动的发动者、宣传者、先锋队、作战部”；这个党必须以马克思主义为指导思想，对于各种非马克思主义的思想，要进行“排斥批评，不留余地”；这个党必须采取阶级战争的方法，推翻反动统治，建立无产阶级专政的政权，建设新的社会；这个党必须密切联系群众，成为群众运动的领导者；这个党必须是高度集中的组织，有铁的纪律，是一个团结的党。对于蔡和森同志的这些主张，毛泽东同志表示：

① 中央档案馆编：《中国共产党第一次代表大会档案资料》（增订本），人民出版社 1984 年版，第 6 页。

"见地极当，我没有一个字不赞成。"①

## 延伸阅读 李大钊与"苏维埃"

"苏维埃"为俄文音译，意为"代表会议"，是俄国十月革命后创建的无产阶级专政的政权组织形式——工农兵苏维埃（工农兵代表大会）。我国最早介绍这一制度的是李大钊。1918 年 11 月，他在《布尔什维主义的胜利》中指出：布尔什维克所建立政权的基本制度是"劳工联合的会议"，"什么事都归他们决定"。

### （二）大革命时期的农民协会、省港罢工工人代表大会、市民代表会议

在大革命时期，中国共产党领导工农运动，在城市建立罢工工人代表大会和市民代表会议，在农村组建农民协会，进行了政权建设的最初探索。这些探索的目的，就是带领人民翻身作主，掌握自己的命运。

农民协会。农民协会是在中国共产党领导的早期农民运动中产生的。1921 年 9 月，浙江省萧山县衙前镇在共产党员组织下召开了农民代表大会，选举产生了农会执行委员会，成立了中国历史上第一个新型农民组织。到 1926 年 6 月，全国有 200 多个县成立了县农民协会，会员达 915 万人。在农民运动高涨的地区真正做到了"地主权力

① 《纪念我党早期卓越的领导人蔡和森同志》，《人民日报》2015 年 3 月 30 日。

既倒，农会便成了唯一的权力机关，真正办到了人们所谓‘一切权力归农会’”①。

1927年7月，中国共产党发布的农字第九号通告指出：“农民协会已经不是一种职业组织……现时就是乡村中穷苦农民联合其他小资产阶级的革命的政治联盟——农会政权。这是乡村政权的一个正确的形式，要开始在各地实现起来。”② 农民协会以贫雇农中的积极分子为骨干，按照少数服从多数、个人服从组织的原则进行管理，农会的最高决策机构为农民代表大会，常设机构为大会执行委员会，执行委员会下设财政、仲裁、交际、卫生、教育等机构，分别行使行政、审判等职权。当时有首脍炙人口的《农友歌》，里面唱道：“天下的农友要翻身啊，自己当家作主人哪，一切权力归农会呀。”

省港罢工工人代表大会。1925年五卅运动爆发后，香港工人和广州沙面租界内的洋务工人举行震动全国的省港大罢工。在中国共产党领导下召开了广州、香港罢工工人第一次代表大会，决定将省港罢工工人代表大会作为领导罢工的最高议事机关，成立省港罢工委员会作为领导罢工的最高执行机关。罢工工人代表大会由各行业罢工工人按比例选举出来的800余名代表组成。省港罢工委员会各部门有责任向代表大会派出的工人代表报告工作情况。省港罢工委员会负责处理有关罢工的一切事宜，下设干事局作为日常办事机构，还另设了财政经济委员会、纠察队等，执行了革命政权的一些重要职能。在省港罢工运动的1年4个月里，罢工工人代表大会共开会100多次，通过决议案数百项。

① 《毛泽东选集》第一卷，人民出版社1991年版，第14页。

② 《建党以来重要文献选编（1921—1949）》第四册，中央文献出版社2011年版，第359页。

市民代表会议。1927 年 3 月，上海工人举行第三次武装起义。在周恩来同志领导下召开了上海市民代表会议，选举产生了 19 名市政府委员，组成“上海特别市临时政府”。市民代表会议通过了《上海特别市市民代表会议政府组织条例》，规定上海特别市以市民代表会议为最高权力机关。市、区两级代表会议的代表，由选民按职业、学校、机关、团体为单位直接选举产生。代表会议的决议，政府机关必须坚决执行。市民代表会议是中国共产党领导人民在大城市创建人民政权组织形式的最初尝试。

延伸阅读 农民运动中的各级农民代表大会

农民运动中建立的省、县、乡、区各级农民代表大会，实质上成为当时农村政权最有权威的权力机关。根据有关研究报告，当时省农民代表大会，广东召开过两次，湖南、湖北、江西、河南各召开过一次。湖南于 1926 年 12 月召开的省农民代表大会，有 52 个县和两个特别区的代表共 170 人参加，大会通过了《铲除贪官污吏土豪劣绅决议案》、《乡村自治问题决议案》等 40 个决议案。

### （三）土地革命战争时期的工农兵代表大会制度

1927 年大革命失败后，中国共产党把建立工农兵苏维埃政权制度作为一项重要任务正式提了出来。1928 年 6 月，党的六大明确提出“力争建立工农兵代表会议（苏维埃）的政权”。各革命根据地相继召开各级工农兵苏维埃代表大会，成立苏维埃政府。

## 延伸阅读 “苏维埃制度”的探索和逐步建立

1921年，党的一大通过的中国共产党的第一个纲领，明确宣布把建立苏维埃制度作为自己的政治纲领。1927年大革命失败后，中国共产党开始独立领导中国革命，相继提出了宣传苏维埃政权的政治口号。1927年8月21日，中国共产党中央临时政治局会议通过《中国共产党的政治任务与策略的决议案》，第一次提出“工农兵代表苏维埃”的口号。1927年9月19日，中国共产党中央临时政治局会议通过《关于“左派国民党”及苏维埃口号问题决议案》，决定“现在的任务不仅宣传苏维埃的思想，并且在革命斗争新的高潮中应成立苏维埃”。1927年9月后，中国共产党开始探索建立苏维埃政权。同年11月，广东海陆丰农民暴动成功后，中国第一个农村苏维埃政权——海陆丰苏维埃政府正式建立。同年12月，张太雷等人领导广州起义，建立了中国第一个城市苏维埃政权——广州公社。1928年在莫斯科召开中国共产党第六次全国代表大会，通过了《苏维埃政权组织问题决议案》，对成立苏维埃政权应当贯彻的民主选举原则、苏维埃政权的阶级构成、无产阶级的领导原则、党在苏维埃政权的领导方式等作出了明确规定。自此，苏维埃运动在中国广袤的大地上蓬勃兴起。

江西瑞金，是中国共产党领导的第一个红色政权的诞生地，是一座洋溢着革命英雄主义的城市，人们称之为“红都”。1931年11月，中华苏维埃第一次全国代表大会在江西瑞金叶坪村举行。会议通过了《中华苏维埃共和国宪法大纲》（以下简称《宪法大纲》），这是中国共产党领导人民制定的第一部宪法性文件。会议选举产生中央执行委员会，宣告中华苏维埃共和国临时中央政府成立。为庆祝“一苏大”的召开，毛泽东同志提笔挥毫，欣然写下“苏维埃是工农劳苦群众自己管理自己生活的机关，是革命战争的组织者与领导者”的题词。

1931 年 11 月，中华苏维埃第一次全国代表大会在江西瑞金召开。（新华社发）

1934 年召开的中华苏维埃第二次全国代表大会对《宪法大纲》作了修改，并明确规定：“中华苏维埃政权所建设的，是工人和农民的民主专政国家。苏维埃政权是属于工人、农民、红色战士及一切劳苦民众的”①。根据《宪法大纲》，中华苏维埃共和国实行工农兵代表大会制度的政体。通过召开各级工农兵代表大会，吸收工农群众参加政权，行使自己的民主权利。工农兵代表大会包括乡（市）、区、县、省和全国五级。符合条件的选民按一定比例直接选举产生乡工农兵代

① 《建党以来重要文献选编（1921—1949）》第十一册，中央文献出版社 2011 年版，第 160 页。

表大会代表，组成乡工农兵代表大会，并选举产生乡苏维埃政府组成人员。区、县、省工农兵代表大会，均由下一级代表大会按一定比例选举的代表组成，并产生区、县、省苏维埃政府组成人员。中华苏维埃全国代表大会，由各省工农兵代表大会所选举的代表组成，选举产生中华苏维埃共和国中央政府组成人员。各级工农兵代表大会闭会期间，由相应的各级执行委员会代行权力，对各级工农兵代表大会负责。工农兵代表大会制度具有人民代表大会制度的基本特征，在中国共产党领导的政权建设史上具有重要地位和重大意义。

中华苏维埃运动取得了巨大成果。几年间，各根据地先后成立了几百个县苏维埃，中华苏维埃共和国中央政府实行了对 10 个省苏维埃的统一领导。除《宪法大纲》外，全国苏维埃代表大会及其中央执行委员会还先后制定了《土地法》、《劳动法》、《婚姻法》、各级苏维埃《组织法》、《选举法》以及有关经济、文化、社会、法制建设等方面的法律法规，成功开展了三次声势浩大的民主选举运动，许多地方参加选举的人数占选民总人数的 80%以上，有的地方达到 90%以上，逐级选举了乡、区、县、省以及全国苏维埃代表和苏维埃政府。苏维埃政权和苏维埃制度在革命战争血与火的洗礼中焕发出熠熠光辉。

## 延伸阅读 《乡苏怎样工作?》

毛泽东同志曾于 1934 年 4 月专门就乡苏维埃工作写了一篇《乡苏怎样工作?》的文章，总结提炼了乡苏工作的宝贵经验并指出，在国内战争环境内，战争动员工作十分紧张，群众生活需要更加改善，因此极力改善乡苏（与市苏）的工作，健全乡苏的组织与领导，使它能够完全适合发展革命战争与改善群众生活的要求，是非常重要的事。

## （四）全国抗日战争时期的参议会制度

全国抗日战争时期，国共两党开始第二次合作。为了挽救民族危亡，团结一切力量共同抗击日本侵略，适应建立和巩固抗日民族统一战线的需要，中国共产党将边区的工农民主专政性质的政权转变为抗日民族统一战线性质的政权，陕甘宁边区实行了以“三三制”为原则的参议会制度。它既与地主资产阶级专政相区别，也与工农民主专政不同。这是抗战时期敌后根据地政权建设中最重要的民主制度，对之

1937 年 5 月通过的《陕甘宁边区选举条例》规定，选举可以采取多种投票方法，识字多的选民用票选法，识字不多的选民用画圈法、画杠法，完全不识字的选民用投豆法。“金豆豆，银豆豆，豆豆不能随便投。选好人，办好事，投在好人碗里头。”由于当时广大基层群众 90%以上都是文盲半文盲，“豆选”成为边区革命根据地最重要的选举形式。（延安革命纪念馆供图）

后各地参议会的建立起到了带动示范作用。

所谓“三三制”，是指在各级参议员和政权机关人员构成中，共产党员、非党的左派进步分子、中间分子各占1/3。在政权机构设置上，边区、县、区实行代议制，每级均设参议会、政府和法院，分别行使立法权、行政权和审判权，参议会既是民意机关，也是最高政权机关，政府和法院由它产生、对它负责、受它监督，在参议会闭会期间，由选出的常务议员或驻会议员办理日常事务；乡一级实行议行合一制，由参议会代行乡政府的各项职权，不另设行政机构。在党的统一领导下，这些机关分工履职，为新中国成立后国家政权机关的设置、职能划分和协调运转积累了经验。在这一制度的运作实践中，边区人民群众逐渐体悟到了“民主就是咱大家来当家”的真谛。1943年，著名作曲家曹火星在平西抗日根据地创作的《没有共产党就没有新中国》这首歌，里面有句歌词“实行了民主好处多”，就是当时情况的真实写照。

**延伸阅读** “窑洞对”：“让人民来监督政府”

1945年，黄炎培先生以国民政府参政员的身份到访延安，和毛泽东同志有一段对话，史称“窑洞对”。黄炎培讲：“我生六十多年，耳闻的不说，所亲眼看到的，真所谓‘其兴也浡焉’，‘其亡也忽焉’，一人，一家，一团体，一地方，乃至一国，不少单位都没有能跳出这周期率的支配力。大凡初时聚精会神，没有一事不用心，没有一人不卖力，也许那时艰难困苦，只有从万死中觅取一生。既而环境渐渐好转了，精神也渐渐放下了。……一部历史，‘政怠宦成’的也有，‘人亡政息’的也有，‘求荣取辱’的也有。总之没有能跳出这周期率。”

毛泽东答：“我们已经找到新路，我们能跳出这周期率。这条新路，就是民主。只有让人民来监督政府，政府才不敢松懈。只有人人起来负责，才不会人亡政息。”①

以毛泽东同志为主要代表的中国共产党人，在总结抗日民族统一战线政权建设经验的基础上，提出了建立人民代表大会制度的理论构想。1940 年，毛泽东同志在《新民主主义论》中明确提出：“没有适当形式的政权机关，就不能代表国家。中国现在可以采取全国人民代表大会、省人民代表大会、县人民代表大会、区人民代表大会直

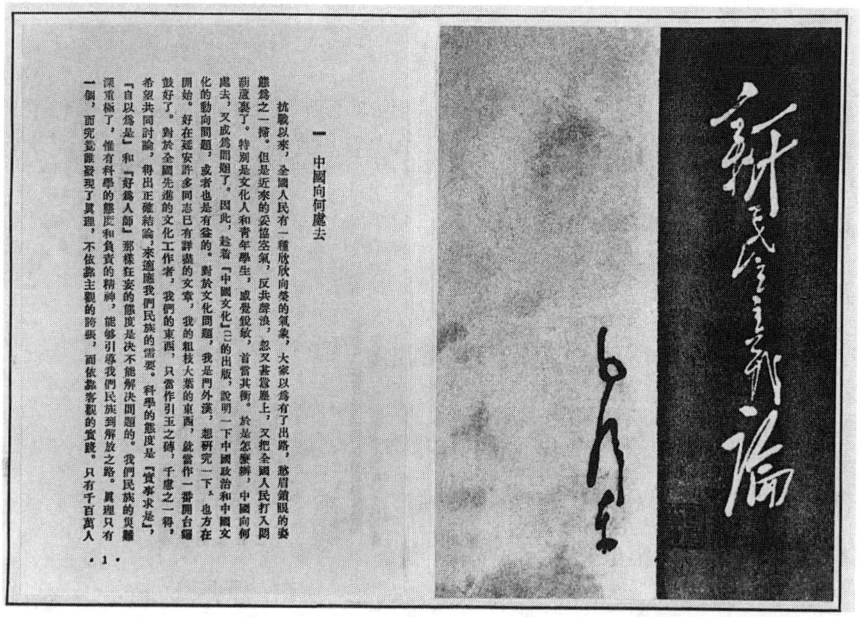

一 中國向何處去

抗戰以來，全國人民有一種欣欣向榮的氣象，大家以爲有了出路，愁眉鎖眼的姿態爲之一掃。但是近來的妥協空氣，反共聲浪，忽又甚囂塵上，又把全國人民打入悶葫蘆裏了。特別是文化人和青年學生，感覺銳敏，首當其衝。於是怎麼辦，中國向何處去，又成爲問題了。因此，趁着『中國文化』〔一〕的出版，說明一下中國政治和中國文化的動向問題，或者也是有益的。對於文化問題，我是門外漢，想研究一下，也方在開始。好在延安許多同志已有詳盡的文章，我的粗枝大葉的東西，就當作一番開台鑼鼓好了。對於全國先進的文化工作者，我們的東西，只當作引玉之磚，千慮之一得，希望共同討論，得出正確結論，來適應我們民族的需要。科學的態度是『實事求是』，『自以爲是』和『好爲人師』那樣狂妄的態度是決不能解決問題的。我們民族的災難深重極了，惟有科學的態度和負責的精神，能夠引導我們民族到解放之路。眞理只有一個，而究竟誰發現了眞理，不依靠主觀的誇張，而依靠客觀的實踐。只有千百萬人

·1·

1940 年 1 月，毛泽东同志发表《新民主主义论》，阐明了中国共产党对中国革命的见解，回答了中国向何处去的问题。上图左是这篇著作的开头部分。上图右是最早在延安出版的《新民主主义论》单行本封面。（新华社发）

① 黄炎培：《八十年来》，文史资料出版社 1982 年版，第 148—152 页。

到乡人民代表大会的系统，并由各级代表大会选举政府。”[①]1945 年 4 月，毛泽东同志又在《论联合政府》中指出，“新民主主义的政权组织，应该采取民主集中制，由各级人民代表大会决定大政方针，选举政府”，“只有这个制度，才既能表现广泛的民主，使各级人民代表大会有高度的权力；又能集中处理国事，使各级政府能集中地处理被各级人民代表大会所委托的一切事务，并保障人民的一切必要的民主活动”。[②]1948 年 1 月，毛泽东同志在《关于目前党的政策中的几个重要问题》中指出：“在将来，革命在全国胜利之后，中央和地方各级政府，都应当由各级人民代表大会选举。”[③]这些重要思想的提出，标志着中国共产党关于政权建设的理论已经成熟，为新中国成立后实行人民代表大会制度奠定了理论基础。

### （五）解放战争时期和新中国成立初期的人民代表会议制度

抗日战争胜利后，大片新解放区的土地改革还未进行，人民还没有被充分地组织起来，召开普选的人民代表大会的条件还不成熟。考虑到这一点，中国共产党将地方各界人民代表会议作为人民代表大会的雏形和准备，积极推进民主政权建设。“这样的人民代表会议一经建立，就应当成为当地的人民的权力机关，一切应有的权力必须归于代表会议及其选出的政府委员会。”[④]

人民代表会议制度在全国范围的建立。在炮火连天的解放战争中，

① 《毛泽东选集》第二卷，人民出版社 1991 年版，第 677 页。
② 《毛泽东选集》第三卷，人民出版社 1991 年版，第 1057 页。
③ 《毛泽东选集》第四卷，人民出版社 1991 年版，第 1273 页。
④ 《毛泽东选集》第四卷，人民出版社 1991 年版，第 1308 页。

中国共产党依旧高度重视政权建设这件大事。1946 年 4 月，陕甘宁边区第三届参议会第一次大会通过《陕甘宁边区宪法原则》，确定边区、县、乡人民代表会议为人民管理政权机关。解放区的政权组织形式开始由参议会向人民代表会议过渡。东北、内蒙古、华北、晋绥等解放区纷纷召开了人民代表会议。1949 年 9 月的《中国人民政治协商会议共同纲领》（以下简称《共同纲领》）规定，在普选的地方人民代表大会召开以前，由地方各界人民代表会议逐步代行人民代表大会职权。到 1952 年底，人民代表会议已经形成一项经常的制度，在全国各地自下而上地建立起来。地方各界人民代表会议由地方各界人民代表组成，分为特邀代表、政府代表、民主党派、人民团体、机关、部队的代表和按地区产生的代表，有的由各界人民按单位自行推选，有的由地方人民政府邀请。通过建立并实行人民代表会议制度，人民群众的民主素质得到培养，党在民主政治建设方面也积累了宝贵经验。

### 延伸阅读 费孝通先生的“生平第一次”

1949 年 8 月，费孝通先生在参加北平市首次各界人民代表会议后，感慨万分，他说：“我踏进会场就看见这么多人，穿制服的，穿工装的，穿短衫的，穿旗袍的，穿西服的，穿长袍的，还有位戴瓜帽的，这许多一望而知不同的人物，会在一个会场里一起讨论问题，在我说是生平第一次。”

华北临时人民代表大会。随着解放战争的节节胜利，建立新中国的各项工作提上我们党的重要工作日程，迫切需要抓紧摸索、积累人民民主政权建设经验。这其中，华北临时人民代表大会的召开和华北人民政府的成立、运行，在新中国政权建设和人民代表大会制度建立的历程中具有特殊重要意义。早在1947年9月，西柏坡召开的全国土地会议通过了《中国土地法大纲》，为各解放区深入开展土地改革运动提供了遵循。1948年5月，中共中央决定将晋冀鲁豫和晋察冀两个解放区合并为华北解放区，要求在建设和巩固根据地的同时，摸索积累政权建设和经济建设的经验。1948年6月26日，晋冀鲁豫边区政府和晋察冀边区行政委员会及驻会参议员举行联席会议，决定开展选举运动，准备召开华北临时人民代表大会。至当年7月底，共选出区域代表394人、职业和团体代表173人，另有政府邀请代表31人，共计598人，实际参会542人。1948年8月7日

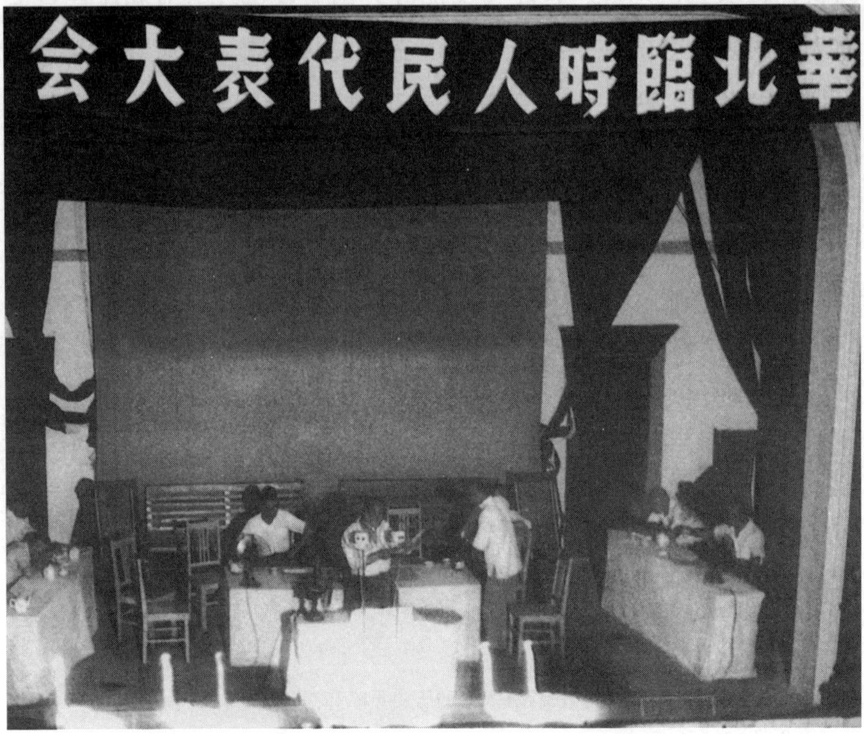


华北临时人民代表大会会场。（石家庄市档案馆供图）

至 19 日，华北临时人民代表大会在石家庄召开，听取审议了 4 个工作报告，即华北军区军事报告、华北解放区施政方针的建议报告、2 个边区政府工作报告；一致通过了华北人民政府施政方针；审议通过了 4 个法案，即华北人民政府组织大纲、村县（市）人民代表大会组织条例、人民代表大会选举条例、农业税税则法案；审查了军事、政治、农业工商等 8 个方面的 1180 件提案；选举产生了由 27 人组成的华北人民政府委员会。9 月 20 日至 24 日，华北人民政府委员会召开第一次会议，一致选举董必武为华北人民政府主席。1948 年 12 月，华北人民政府成立中国人民银行，发行统一的“人民币”。华北临时人民代表大会是新中国成立前唯一以“人民代表大会”命名的地方权力机构，从会议组织、程序、功能等方面看，已经具有新中国成立后人民代表大会的主要特征，为建立人民共和国、开展政权建设积累了宝贵经验，发挥了示范作用。① 正如董必武同志在大会开幕词中说的：“我们华北临时人民代表大会宣布开幕了。它是一个临时性的，也是华北一个地区的，但是，它将成为全国人民代表大会的前奏和雏型。因此，它是中国民主革命历史中划时代的一次大会，在中国民主革命历史上将占有光荣的篇章。”“崭新的人民政权的建立，是二十世纪政治上的特色。”②

### 延伸阅读　“人民政府”的正式冠名

原有各解放区的政府名称，极不统一，有的称“边区政府”，有

① 参见范照兵：《华北临时人民代表大会的历史贡献和深刻启示》，《中国人大》2019 年第 8 期。

② 《董必武选集》，人民出版社 1985 年版，第 199、200 页。

的称“行政委员会”，甚至称作“战时工作委员会”。自1948年8月华北人民政府成立后，中共中央在同年9月召开的政治局会议上，根据人民民主专政的政权性质以及建立华北人民政府和华北人民法院的实践经验，决定正式统一冠以“人民政府”的称谓。1948年9月8日，毛泽东同志《在中共中央政治局会议上的报告和结论》中提出：“我们是人民民主专政，各级政府都要加上‘人民’二字，各种政权机关都要加上‘人民’二字，如法院叫人民法院，军队叫人民解放军，以示和蒋介石政权不同。我们有广大的统一战线，我们政权的任务是打倒帝国主义、封建主义和官僚资本主义，要打倒它们，就要打倒它们的国家，建立人民民主专政的国家。”①

### （六）人民代表大会制度的正式建立

沧桑巨变，换了人间。天安门曾在1900年见证了西方列强的野蛮，在1919年见证了五四运动和中国人民的觉醒，在1949年10月1日，它终于见证了崭新的人民共和国的诞生。这一天，是属于中国人民的伟大日子；这一天，毛泽东同志向全世界庄严宣告了中华人民共和国的成立！从此，中国历史掀开了崭新篇章，亿万人民成了国家、社会和自己命运的主人。

中国人民政治协商会议第一届全体会议的召开和《共同纲领》的制定，标志着新民主主义革命在全国的胜利。1949年9月21日至30日，中国人民政治协商会议第一届全体会议在北平召开。会议通过了具有临时宪法性质的《共同纲领》，确立了新中国人民民

① 《毛泽东文集》第五卷，人民出版社1996年版，第135—136页。

1949 年 10 月 1 日，毛泽东同志在天安门城楼上庄严宣告中华人民共和国成立。（新华社发）

主专政的国体和人民代表大会制度的政体。《共同纲领》规定，中华人民共和国的国家政权属于人民，人民行使国家政权的机关为各级人民代表大会和各级人民政府，国家最高政权机关为全国人民代表大会。在普选的全国人民代表大会召开以前，由中国人民政治协商会议的全体会议执行全国人民代表大会的职权；在普选的地方人民代表大会召开以前，由地方各界人民代表会议逐步代行人民代表大会职权。

## 延伸阅读 讨论《共同纲领》草案

1949年6月至9月，叶圣陶先生担任新政协筹备委员会委员和新政协组织条例起草小组的成员，他在日记中记录了在中南海勤政殿参加讨论《共同纲领》草案的情景："凡已来平之政协代表俱以今日讨论此草案，共分二十小组……此方式余以为甚善。六百余人共聚一堂，必不能为详密之讨论，今于事先分组研究，然后综合各组之意见而为修订，可谓普及于人人，实比旧日开会方式进步多多。此新民主之民主集中大异于旧民主者也。"参加的政协代表"最高年者为萨镇冰（未到），九十二岁，而学生代表之年轻者二十二岁，人喜谓此四

中国人民政治协商会议第一届全体会议现场。（新华社发）

世同堂也”。①

一届全国人大一次会议的召开和1954年宪法的颁布实施，开创了人民民主的全新阶段。全国范围的普选和地方各级人民代表大会的召开，为全国人民代表大会的成立奠定了组织基础。1954年9月15日，一届全国人大一次会议在北京中南海怀仁堂隆重举行。全国45个选举单位产生的1226位全国人大代表参加了会议。9月20日，大会通过了《中华人民共和国宪法》，即1954年宪法。这是新中国历史上的第一部宪法，它以国家根本法的形式，肯定和确认了适合我国国情、保证人民行使国家权力的人民代表大会制度。1954年宪法规定：“中华人民共和国的一切权力属于人民。人民行使权力的机关是全国人民代表大会和地方各级人民代表大会。全国人民代表大会、地方各级人民代表大会和其他国家机关，一律实行民主集中制。”自此，人民代表大会制度作为新中国根本政治制度在全国范围建立起来。2014年，在庆祝全国人民代表大会成立60周年大会上，习近平总书记指出：“中国这样一个有五千多年文明史、几亿人口的国家建立起人民当家作主的新型政治制度，在中国政治发展史乃至世界政治发展史上都是具有划时代意义的。”②

**延伸阅读**

### “来自人民，为了人民”

——《人民日报》1954年9月18日第4版文章节选

庄严的怀仁堂里，全国人民代表大会的代表们，在兴奋愉快地安

① 《叶圣陶参加第一届政治协商会议纪实》，载《民进会史资料选辑》第五辑，内部资料。

② 习近平：《在庆祝全国人民代表大会成立六十周年大会上的讲话》，《十八大以来重要文献选编》（中），中央文献出版社2016年版，第51页。

排着全国人民的幸福生活，严肃认真地规划着祖国前进的道路。……一千二百多位代表，都是在普遍、平等的基础上，从乡到县、从县到省，又从省到中央地选举出来的。代表们来自人民，也为了人民。每个人对自己当选为全国人民代表大会代表都感到无限光荣，同时也感到对人民负有同样庄严的责任。黑龙江省朝鲜族金白山代表严肃地说：“一个在旧社会里被压迫、被蹂躏的少数民族的贫苦农民，当选为全国人民代表大会代表，我感到无限光荣。有什么比人民的信任更光荣的呢？我一定要做个好代表，完全按照人民的意见、人民的利益管理国家大事。”

出席一届全国人大一次会议的代表步入中南海怀仁堂。（新华社记者　刘东鳌摄）

## 延伸阅读　普天同庆的大事

第一届全国人大代表胡兆森回忆：“9 月 20 日，全体会上宣读修正过的宪法草案全文后，全体代表以无记名投票的方式进行了表决。

那是一个激情燃烧的年代，那是一个重要的历史时刻，会场上每个人都非常激动，都兴奋不已，场面非常热烈。全场的代表都站起来，暴风雨般的掌声和欢呼声经久不息。宪法在代表们的一片欢呼声中通过。大会通过宪法后，在回驻地的车上，我们仍然兴奋不已，欢呼不止。宪法的诞生也受到全国人民的热烈欢呼拥护，老百姓都自发地上大街游行，高呼着拥护宪法的口号。我们的车开得很慢，大家一路欢呼着回到驻地，我连嗓子都喊哑了。”①

1954 年 9 月 20 日，经一届全国人大一次会议审议表决，新中国第一部宪法在中南海怀仁堂诞生。（新华社发）

## 延伸阅读 “根本政治制度”这一表述是怎么来的

1954 年 9 月，刘少奇同志在《关于中华人民共和国宪法草案的报告》中指出，人民代表大会制度是我们国家的根本政治制度。他说：“人民代表大会制既规定为国家的根本政治制度，一切重大问题就都

① 夏莉娜：《寻访第一届全国人大代表——胡兆森》，《中国人大》2008 年第 16 期。

应当经过人民代表大会讨论，并作出决定。”[①] 因此，“根本政治制度”的这一定位，是在制宪文件中确立的。

## 三、人民当家作主的探索和实践

新中国成立后，人民代表大会制度作为国家根本政治制度，在古老的中华大地上生根发芽，伴随着年轻的共和国一起成长，显示出强大的生命力和巨大的优越性。

### （一）初期的积极探索和实践

一届全国人大及其常委会成立后，在党的领导下，认真落实宪法关于人民代表大会制度的各项规定，制定了关于国家机构、经济建设和社会秩序方面的一批重要法律，一些具体工作制度和工作机构也逐步建立和完善。这些探索和实践，极大地调动了全国各族人民建设国家、管理国家的积极性，为新中国社会主义建设事业的良好开局奠定了坚实基础。

#### 延伸阅读 一届全国人大及其常委会工作概况

一届全国人大共召开5次会议，通过法律和有关法律问题的决定14件。听取审议国务院及其有关部门、全国人大常委会、最高人民法院、最高人民检察院报告21个，外事报告1个，代表资格审查报

① 刘少奇：《关于中华人民共和国宪法草案的报告》（1954年9月15日），《人民代表大会制度重要文献选编》（一），中国民主法制出版社、中央文献出版社2015年版，第214页。

告5个，提案审查报告4个，其他报告7个。

一届全国人大常委会共召开110次会议，通过法律、法律解释和有关法律问题的决定52件，批准国际公约、双边条约和协定26件。听取审议国务院及其有关部门、最高人民法院、最高人民检察院工作报告29次，处理代表提案753件，听取外事报告18个，其他报告7个。

**延伸阅读** 一届全国人大常委会制定的法律有的沿用至今

《户口登记条例》于1958年1月9日由一届全国人大常委会第九十一次会议通过，并于当日以中华人民共和国主席令公布，目前仍然有效。这是现行法律中唯一有效的由一届全国人大常委会通过、由毛泽东同志以主席令公布的法律，也是新中国成立后生效时间最长的法律。

### （二）曲折和停滞

由于“左”的思想逐步抬头，党对社会主义建设道路的探索出现曲折，人民代表大会制度也遭遇挫折、陷入停滞。三届全国人大期间只召开过1次大会、33次常委会会议；到了四届全国人大期间，只召开过1次大会、5次常委会会议。“文化大革命”期间地方各级人大也陷入瘫痪状态。这是人民代表大会制度发展史上极其特殊的时期，民主法治遭到严重破坏，人民的权利和合法权益也得不到保障。

### 延伸阅读 改革开放前制定的法律

据统计，新中国成立后到1978年底以前制定的法律共136件，包括1949年9月至1954年9月由中国人民政治协商会议第一届全体会议和中央人民政府委员会制定或批准的法律和有关法律问题的决定29件，1954年9月至1978年底全国人大及其常委会通过的法律和有关问题的决定107件。目前，这些法律中有效的还有3件，分别是：《户口登记条例》（1958年）、《全国人民代表大会常务委员会关于批准〈国务院关于工人退休、退职的暂行办法〉的决议》（1978年）、《全国人民代表大会常务委员会关于批准〈国务院关于安置老弱病残干部的暂行办法〉的决议》（1978年）。①

### （三）蓬勃发展的新时期

1978年12月，党的十一届三中全会召开，实现了具有深远历史意义的伟大转折，开启了改革开放的历史新时期，发展社会主义民主、健全社会主义法制成为党和国家坚定不移的基本方针。由此，社会主义民主法治建设和人民代表大会制度步入新的发展时期。在党中央的集中统一领导下，人民代表大会制度不断完善发展，展现出蓬勃的生机和活力。

选举制度日益完善。直接选举人大代表的范围扩大到县，实行普遍的差额选举制度，实行城乡按相同人口比例选举人大代表，规范代

① 参见《中华人民共和国立法统计（2018年版）》，中国民主法制出版社2019年版。

邓小平同志在党的十一届三中全会上。（新华社发）

表名额的确定与分配原则，优化代表结构等，选举民主不断扩大。

国家政权建设不断加强。1982 年宪法就加强国家政权建设作出了一系列重要规定，比如扩大全国人大常委会的职权，恢复设立国家主席和副主席，设立中央军事委员会等，此后的宪法修正案又对此作出进一步完善。《全国人民代表大会组织法》、《国务院组织法》、《地方各级人民代表大会和地方各级人民政府组织法》（以下简称《地方组织法》）、《人民法院组织法》、《人民检察院组织法》等一系列法律相继出台并不断完善，进一步明确了各国家机构的相互关系，规范了各国家机构的组织、职权和工作制度，国家政权建设取得显著成就。特别是适当扩大全国人大常委会的职权，规定全国人民代表大会和全国人大常委会共同行使国家立法权，共同监督宪法实施，并加强全国人大常委会的组织建设；在县级以上地方各级人大设立常委会，赋予省级人大及其常委会、较大的市的人大及其常委会制定地方性法规的职权等，大大加强了国家权力机关建设。

## 延伸阅读 邓小平同志的“我赞成第三方案”

按照1954年宪法规定，全国人大设立常委会，地方各级人大不设常委会，实行人民委员会体制。1957年和1965年，有关方面曾经两次提出在地方人大设立常委会的方案，但都被搁浅。1979年5月，全国人大常委会法制委员会向中央写了关于县以上各级人民代表大会和各级人民政府组织法是否决定取消革命委员会、恢复人民委员会和设立常务委员会的报告。报告提出了3个方案：(1) 用立法手续把革命委员会体制固定下来。(2) 取消革命委员会，恢复人民委员会。(3) 县以上地方各级人民代表大会设常务委员会，并恢复人民委员会（包括省长、市长、县长等职务）。邓小平同志在报告上作出批示：“我赞成第三方案。”1979年7月，五届全国人大二次会议通过《关于修正宪法若干规定的决议》和《地方组织法》，正式确定县级以上地方人大设立常委会。

## 链接

各省级人大常委会设立时间表

| 省（区、市） | 常委会设立时间 | 省（区、市） | 常委会设立时间 |
|---|---|---|---|
| 北京 | 1979年12月13日 | 湖北 | 1980年1月17日 |
| 天津 | 1980年6月30日 | 湖南 | 1979年12月28日 |
| 河北 | 1980年2月27日 | 广东 | 1979年12月26日 |
| 山西 | 1979年12月25日 | 广西 | 1979年12月26日 |

续表

| 省（区、市） | 常委会设立时间 | 省（区、市） | 常委会设立时间 |
|---|---|---|---|
| 内蒙古 | 1979 年 12 月 27 日 | 海南 | 1988 年 8 月 23 日 |
| 辽宁 | 1980 年 1 月 29 日 | 四川 | 1979 年 12 月 25 日 |
| 吉林 | 1980 年 4 月 4 日 | 重庆 | 1997 年 6 月 12 日 |
| 黑龙江 | 1979 年 12 月 26 日 | 贵州 | 1980 年 1 月 19 日 |
| 上海 | 1979 年 12 月 29 日 | 云南 | 1979 年 12 月 31 日 |
| 江苏 | 1979 年 12 月 30 日 | 西藏 | 1979 年 8 月 14 日 |
| 浙江 | 1979 年 12 月 18 日 | 陕西 | 1979 年 12 月 29 日 |
| 安徽 | 1979 年 12 月 31 日 | 甘肃 | 1979 年 12 月 5 日 |
| 福建 | 1979 年 12 月 23 日 | 青海 | 1979 年 8 月 28 日 |
| 江西 | 1979 年 12 月 27 日 | 宁夏 | 1980 年 1 月 15 日 |
| 山东 | 1979 年 12 月 22 日 | 新疆 | 1979 年 9 月 5 日 |
| 河南 | 1979 年 9 月 19 日 | | |

《立法法》、《各级人民代表大会常务委员会监督法》(以下简称《监督法》)、《代表法》、《预算法》等涉及人大行使职权的法律制度不断完善，各级人大及其常委会依法行使职权、工作全面推进。在各方面的共同努力下，以宪法为核心的中国特色社会主义法律体系形成并不断完善；人大监督工作扎实开展，有力推动了宪法法律的有效实施，有力保证了行政权、审判权、检察权正确行使；代表工作得到加强和改进，代表作用得到更好发挥，为保证人民代表大会制度有效运转、不断提高人大工作水平，发挥了重要作用。

### 延伸阅读 五届全国人大二次会议的“一日七法”

1979 年 6 月 18 日至 7 月 1 日，五届全国人大二次会议举行。这次会议通过了《关于修正宪法若干规定的决议》，以及《地方组织法》、

《全国人民代表大会和地方各级人民代表大会选举法》（以下简称《选举法》）、《刑法》、《刑事诉讼法》、《人民法院组织法》、《人民检察院组织法》、《中外合资经营企业法》等7部法律，被法学界称之为“一日七法”。在一次全国人民代表大会会议上通过这么多的法律，是前所未有的。这向全世界表明了中国坚定不移地走法治道路的决心。

我们党对人民代表大会制度的认识也逐步深化。党的十三大、十四大、十五大、十六大、十七大报告都把坚持和完善人民代表大会制度作为建设社会主义民主政治的重要内容加以部署推进。江泽民同志强调：人民代表大会制度“是我们党长期进行人民政权建设的经验总结，也是我们党对国家事务实施领导的一大特色和优势”①。胡锦涛同志指出：“人民代表大会制度是中国人民当家作主的重要途径和最高实现形式，是中国社会主义政治文明的重要制度载体。”②

## 四、国家根本政治制度在新时代的新实践

党的十八大以来，以习近平同志为核心的党中央带领全党全国各族人民坚定不移走中国特色社会主义政治发展道路，坚持党的领导、人民当家作主、依法治国有机统一，形成习近平总书记关于坚持和完善人民代表大会制度的重要思想，推动社会主义民主政治建设开创新局面。

① 江泽民：《坚持和完善人民代表大会制度》（1990年3月18日），《人民代表大会制度重要文献选编》（三），中国民主法制出版社、中央文献出版社2015年版，第797页。

② 胡锦涛：《在首都各界纪念全国人民代表大会成立五十周年大会上的讲话》（2004年9月15日），《人民代表大会制度重要文献选编》（四），中国民主法制出版社、中央文献出版社2015年版，第1287页。

### （一）习近平总书记关于坚持和完善人民代表大会制度的重要思想为做好人大工作提供了科学指引和根本遵循

习近平总书记高度重视人民代表大会制度建设和人大工作，发表一系列重要论述，作出一系列重要指示，拓展了人民代表大会制度的科学内涵、基本特征、本质要求，明确了做好新时代人大工作的重大原则、思路举措、重点任务，标志着我们党对人民代表大会制度的规律性认识达到了新的高度。习近平总书记关于坚持和完善人民代表大会制度的重要思想，是习近平新时代中国特色社会主义思想的重要组成部分，为坚定不移走中国特色社会主义政治发展道路，坚持和完善人民代表大会制度，充分发挥我国国家制度和国家治理体系的优势提供了科学指引和行动指南。

习近平总书记关于坚持和完善人民代表大会制度的重要思想，是在长期理论思考和丰富实践经验基础上形成的理论体系。其核心要义和主要内容包括：坚定不移走中国特色社会主义政治发展道路，绝不照搬西方政治制度模式，绝不放弃我国社会主义政治制度的根本；人民代表大会制度是中国特色社会主义制度的重要组成部分，是支撑国家治理体系和治理能力的根本政治制度，是坚持党的领导、人民当家作主、依法治国有机统一的根本政治制度安排，必须长期坚持、不断完善；坚持人民当家作主，坚持以人民为中心的发展思想，支持和保证人民通过人民代表大会行使国家权力，紧紧依靠人民推动国家发展；坚持全面依法治国，切实保障社会公平正义和人民权利，实现国家各项工作的法治化；全面贯彻实施宪法，以良法促进发展、保障善治，实行正确监督、有效监督，密切同人大代表和人民群众的联系，做到民有所呼、我有所应；等等。随着实践发展，这一重要思想将不断丰富发展、与时俱进。

2014年9月5日，庆祝全国人民代表大会成立60周年大会在北京举行，习近平总书记在大会上发表重要讲话。（新华社记者 谢环驰摄）

## 延伸阅读 如何理解和把握“三者有机统一”

习近平总书记在党的十九大报告中指出：“人民代表大会制度是坚持党的领导、人民当家作主、依法治国有机统一的根本政治制度安排，必须长期坚持、不断完善。”这一重要论断是在深刻总结长期以来中国特色社会主义民主政治实践和发展规律基础上，对人民代表大会制度的性质定位作出的科学概括。

人民代表大会制度保证了党领导人民有效治理国家。中国共产党的领导，就是支持和保证人民当家作主，其主要实现途径和制度载体就是人民代表大会制度。党发挥总揽全局、协调各方的领导核心作用，通过人民代表大会制度，使党的主张通过法定程序成为国家意志，使党组织推荐的人选通过法定程序成为国家政权机关的领导人员，保证党通过国家政权机关实施对国家和社会的领导，保证党的路线方针政策和决策部署在国家工作中得到全面贯彻和有效执行。

人民代表大会制度支持和保证了人民当家作主。人民代表大会制度是中国人民当家作主的重要途径和最高实现形式。在人民代表大会制度安排下，通过普遍的民主选举，产生各级人大代表，组成各级人民代表大会，代表人民行使国家权力，对人民负责、受人民监督，保证人民依法实行民主选举、民主协商、民主决策、民主管理、民主监督，通过各种途径和形式管理国家事务、管理经济文化事业、管理社会事务，享有宪法和法律规定的广泛权利和自由。

人民代表大会制度为依法治国提供有效可靠的制度依托。党依据宪法法律治国理政，领导立法、保证执法、支持司法、带头守法。全国人大及其常委会和其他有立法权的国家机关，依法行使立法权，不断完善以宪法为核心的中国特色社会主义法律体系，保证国家和社会生活的各个方面有法可依。各级人大及其常委会开展监督，使各级国家行政机关依法行政，各级监察机关依法监察，各级审判机关、检察机关依法行使审判权、检察权，保证宪法法律全面有效实施，实现国家各项工作法治化。

## 延伸阅读 习近平总书记对地方人大及其常委会工作作出重要指示

2019 年 7 月，在纪念地方人大设立常委会 40 周年之际，习近平总书记对地方人大及其常委会工作作出重要指示强调，县级以上地方人大设立常委会，是发展和完善人民代表大会制度的一个重要举措。40年来，地方人大及其常委会坚持党的领导、人民当家作主、依法治国有机统一，履职尽责，开拓进取，为地方改革发展稳定工作作出了重要贡献。习近平指出，新形势新任务对人大工作提出新的更高要求。地方人大及其常委会要按照党中央关于人大工作的要求，围绕地方党委贯彻落实党中央大政方针的决策部署，结合地方实际，创造性地做好立法、监督等工作，更好助力经济社会发展和改革攻坚任务。要自觉接受同级党委领导，密切同人民群众的联系，更好发挥人大代表作用，接地气、察民情、聚民智，用法治保障人民权益、增进民生福祉。要加强自身建设，提高依法履职能力和水平，增强工作整体实效。①

### （二）人民代表大会制度建设全方位推进

党的十八大以来，以习近平同志为核心的党中央对加强人民代表大会制度建设作出一系列部署安排，全国人大及其常委会依法履职，修改《宪法》、《地方组织法》、《选举法》、《代表法》，制定《监察法》，出台工作文件，进一步健全和完善了人民代表大会制度。

健全党领导人大工作的各项制度。从2015年开始，习近平总书记连续六年主持召开中央政治局常委会会议，听取全国人大常委会党组的工作汇报，这已经成为一项重要制度，并载入党的十八届六中

① 参见《结合地方实际创造性做好立法监督等工作　更好助力经济社会发展和改革攻坚任务》，《人民日报》2019年7月19日。

全会通过的《关于新形势下党内政治生活的若干准则》。党的十八大、十九大报告和中央全会文件部署了加强人大工作的任务举措，党中央多次研究人大工作重要事项，先后出台有关人大工作的指导性文件20多件。全国人大常委会党组坚持党中央集中统一领导，认真履行政治领导责任，确保党中央重大决策部署落到实处，确保全面从严治党责任落到实处。坚持向党中央请示报告制度，常委会党组每年都向党中央报告工作；全国人大及其常委会会议召开及会议情况，与人大工作有关的国家重要政治活动和常委会党组工作、学习情况等，都及时向党中央请示报告。这保证了全国人大及其常委会的工作始终在党中央领导下进行。地方也普遍健全完善了党领导人大工作的相关机制。这些制度举措为坚持党对人大的领导提供了有力保证。

完善宪法实施制度。坚持通过完备的法律制度推动宪法实施，制定《国家勋章和国家荣誉称号法》、《国歌法》等；将12月4日设立为国家宪法日；建立宪法宣誓制度；加强宪法实施监督，积极稳妥推进合宪性审查工作。

完善全国人大组织制度。在十三届全国人大一次会议上，将法律委员会更名为“宪法和法律委员会”，将内务司法委员会更名为“监察和司法委员会”，增设社会建设委员会。全国人大常委会还作出关于全国人大宪法和法律委员会职责问题的决定。

推动国家机构改革。根据党中央关于深化党和国家机构改革的决策部署，全国人大先后就国务院机构改革作出两个决定，全国人大常委会作出多个涉及机构改革、职责调整的决定，推动构建系统完备、科学规范、运行高效的党和国家机构职能体系。

推进国家监察体制改革。修改《宪法》，增加有关监察委员会的规定，制定《监察法》，构建集中统一、权威高效的国家监察体系。这是涉及国家权力结构和国家机构组织结构的一次重大改革，是人民代表大会制度的一次重大发展。

健全立法制度和体制。修改《宪法》和《立法法》，赋予设区的市人大及其常委会地方立法权，明确其立法的权限和范围。作出关于国家监察委员会制定监察法规的决定。还制定出台了许多完善立法体制机制的工作文件，推进科学立法、民主立法、依法立法，完善党委领导、人大主导、政府依托、各方参与的立法工作格局。

加强县乡人大工作和建设。党中央印发关于加强县乡人大工作和建设的意见，全国人大常委会统筹修改《地方组织法》、《选举法》、《代表法》，健全完善了县乡人大会议、工作、组织等方面的制度。这是推动地方人大工作和建设的一次重大改革，解决了长期制约基层人大工作发展的一些突出难题，夯实了国家基层政权根基。

### 延伸阅读 从“一府两院”到“一府一委两院”

2018年3月11日，十三届全国人大一次会议通过了宪法修正案，其中一个重要内容就是增加有关监察委员会的各项规定，对国家机构作出重要调整和完善，将行使国家监察职能的专责机关纳入国家机构体系，明确监察委员会由同级人大产生，对它负责，受它监督。自此，“一府两院”这个表述成为“一府一委两院”。

新中国成立70多年来特别是改革开放40多年来，之所以能取得世所罕见的经济快速发展奇迹和社会长期稳定奇迹，就在于我们找到并始终坚持中国特色社会主义道路，建立健全了中国特色社会主义制度，建立完善了最能够保障人民当家作主的制度体系。2019 年 10 月，党的十九届四中全会审议通过了《中共中央关于坚持和完善中国特色社会主义制度、推进国家治理体系和治理能力现代化若干重大问题的决定》（以下简称《决定》），深入回答了在我国国家制度和国家治理体系上应该“坚持和巩固什么、完善和发展什么”这个重大政治问题，系统绘就了我们党治国理政的制度图谱，发出了中国特色社会主义制度自信的时代之音。《决定》明确提出，“坚持和完善人民代表大会制度这一根本政治制度”。面向未来，人民代表大会制度将在新时代坚持和发展中国特色社会主义、实现中华民族伟大复兴中国梦的伟大征程中，更好发挥国家根本政治制度的作用，以生动实践保障人民当家作主、彰显我国制度优势。

# 第二章

# 国家的一切权力属于人民

人民当家作主是社会主义民主政治的本质特征。人民代表大会制度作为我国的根本政治制度，包括国家权力的来源、国家权力机关和其他国家机关的关系、中央和地方的关系等一整套构建科学、运转协调的制度体系，是一套行得通、真管用、有效率的制度体系。这一根本政治制度，是紧紧围绕支持和保证人民当家作主，保障国家安定有序、长治久安来设计和运行的。

## 一、国家的一切权力属于人民，人民行使国家权力的机关是人民代表大会

我国是工人阶级领导的、以工农联盟为基础的人民民主专政的社会主义国家。人民民主专政是民主和专政的统一，其中，民主是目的、是本质，对极少数人的专政是为了更好地保证广大人民的民主。在我国，国家的一切权力属于人民。我们国家的名称、各级国家机关的名称，都冠以“人民”的称号，这是我国社会主义国家政权的基本定位。各级国家机关及其工作人员，不论做何种工作，说到底都是为人民用权、为人民履职、为人民服务。这一基本定位，什么时候都不能含糊、不能淡化。

## 延伸阅读 为什么叫中华人民共和国？

1949 年 9 月 22 日，董必武同志在中国人民政治协商会议第一届全体会议上作《中华人民共和国中央人民政府组织法的草拟经过及其基本内容》的报告中说：“本来过去许多人写文章或演讲都用中华人民民主共和国；黄炎培、张志让两先生曾经写过一个节略，主张用中华人民民主国。在第四小组第二次全体会议讨论中，张奚若先生以为用中华人民民主国，不如用中华人民共和国。我们现在采用了最后这个名称，因为共和国说明了我们的国体，‘人民’二字在今天新民主主义的中国是指工、农、小资产阶级和民族资产阶级四个阶级及爱国民主分子，它有确定的解释，已经把人民民主专政的意思表达出来，不必再把‘民主’二字重复一次了。”① 这个意见，为政协全体会议所接受。

人民当家作主的途径和形式多种多样，最根本、最重要的是掌握国家政权、行使国家权力。人民如何掌握国家政权、行使国家权力？这就需要通过一定的组织形式和制度来实现、来保证。人民代表大会制度是我国的政体，是全国各族人民管理国家的基本组织形式，是党在政权建设中走群众路线的最好的、最有效的形式。我国宪法规定，人民行使国家权力的机关是全国人民代表大会和地方各级人民代表大会。人民通过民主选举产生自己的代表，组成各级

① 董必武：《中华人民共和国中央人民政府组织法的草拟经过及其基本内容》，《人民代表大会制度重要文献选编》（一），中国民主法制出版社、中央文献出版社 2015 年版，第 69 页。

人民代表大会，统一行使国家权力，组织国家行政机关、监察机关、审判机关、检察机关，监督国家机关的工作并有权罢免其组成人员。

## 延伸阅读 国徽图案有什么寓意？

国徽是一个国家的象征和标志。中华人民共和国国徽中间是五星照耀下的天安门，周围是谷穗（麦稻穗）和齿轮，象征中国人民自五四运动以来的新民主主义革命斗争和工人阶级领导的以工农联盟为基础的人民民主专政的新中国的诞生。其中，天安门是五四运动的发源地，是新中国成立时盛大集会的场所，用天安门图案作为新的民族精神的象征，是十分恰当的。用齿轮、谷穗象征工人阶级与农民阶

庆祝中华人民共和国成立70周年大会上的“国庆年号和国徽”方阵。（新华社记者　李晓果摄）

级，用国旗上的五星代表中国共产党领导下的中国人民大团结，鲜明地表现了新中国的性质是工人阶级领导的以工农联盟为基础的人民民主专政的社会主义国家。

民主选举人大代表，实质上是一种权力委托，即人民把自己的权力委托给自己选出的代表，由这些代表组成人民代表大会去行使国家权力。所以，无论是人民代表大会，还是经人民代表大会产生的其他国家机关，追根溯源，它们的权力都来自人民。通过民主选举产生的人大代表，具有坚实的群众基础和广泛的代表性，能够代表人民的意志，反映人民的愿望和要求，通过人民代表大会决定国家和地方的大事，从而把国家和民族的前途命运掌握在人民自己的手中。

## 二、人大统一行使国家权力，各国家机关协调一致工作

民主集中制是我国国家组织形式和活动方式的基本原则。按照民主集中制原则，在国家机构设置上，有国家权力机关，即各级人民代表大会；有国家行政机关，即各级人民政府；有国家监察机关，即各级监察委员会；有国家审判机关和法律监督机关，即各级人民法院、人民检察院。

在国家机构产生上，各级人民代表大会由民主选举产生，对人民负责、受人民监督；各级国家行政机关、监察机关、审判机关、检察机关由人民代表大会产生，对人大负责、受人大监督。人大监督是在党的领导下，代表国家和人民进行的具有法律效力的监督。监督的目的，是推动党中央决策部署贯彻落实，确保宪法法律全面有效实施，

确保行政权、监察权、审判权、检察权得到正确行使，确保人民权益得到维护和实现。这就是人大监督的政治定位、法律定位。

在国家权力配置上，人民代表大会统一行使国家权力，全国人民代表大会是最高国家权力机关，地方各级人民代表大会是地方国家权力机关，行政、监察、审判、检察等职权分别由政府、监察委员会、法院、检察院负责行使。在党的领导下，各国家机关是一个统一整体，既合理分工又密切协作，既充分发扬民主又有效进行集中，克服了议而不决、决而不行、行而不实等不良现象，避免了相互掣肘、效率低下的弊端。

一些西方国家采取立法权、行政权、司法权分别由不同的部门行使，三种权力彼此独立并相互制衡。这种权力之间的制衡经常形成对立，在重大事情上无法达成一致的情形十分常见，内耗非常严重。

## 延伸阅读 从修建边境墙事件看美国“三权分立”模式的运行

美国总统特朗普自上任以来，就主张在美墨边境修建边境墙，但国会始终反对，一度导致政府关门。2019 年 2 月，特朗普宣布美国进入“紧急状态”，以此动用军队预算来建墙。之后，国会众参两院先后通过决议叫停“国家紧急状态”，但国会的叫停又被特朗普否决。3 月 26 日，国会众议院就驳回特朗普否决国会叫停“国家紧急状态”决议进行表决，但未能达到所需的 2/3 多数票。6 月 28 日，美国加州一名联邦法官作出裁决，禁止特朗普动用国防部资金建造边境墙，特朗普提起上诉。7 月 26 日，美国联邦最高法院裁定，允许特朗普动用国防部资金修建边境墙。

两党制或多党制政治体制的弊端同样明显。很多时候，政党的立场并不是从国家和社会整体利益出发，而是只看党派利益、不顾全局长远，只为反对而反对、不问是非曲直。只要是执政党提出的，在野党就要反对；而执政党为了巩固其执政地位，谋取连任，也要千方百计地打压、限制在野党。当在野党成为执政党后，又会为了党派利益否定甚至推翻上任执政党的政策，导致国家无法朝着长远的发展目标接续前进，最终损害的还是国民的利益。同时，两党制或多党制国家，一般是通过竞选取得执政地位。这些政党在竞选时，为了获胜，什么都敢说，甚至漫天许诺，但是真正上台后，由于考虑各种权力的制衡、利益的平衡，对民众的承诺往往会落空。

## 延伸阅读 民主集中制是宪法确立的基本原则

1949年《共同纲领》第十五条规定：各级政权机关一律实行民主集中制。其主要原则为：人民代表大会向人民负责并报告工作。人民政府委员会向人民代表大会负责并报告工作。在人民代表大会和人民政府委员会内，实行少数服从多数的制度。各下级人民政府均由上级人民政府加委并服从上级人民政府。全国各地方人民政府均服从中央人民政府。

之后，民主集中制始终被规定在宪法的前三条。1954年宪法第二条、1975年宪法第三条、1978年宪法第三条、1982年宪法第三条，均规定了民主集中制的原则。1982年，彭真同志在五届全国人大五次会议上作《关于中华人民共和国宪法修改草案的报告》中指出："在社会主义制度下，形成了全体人民根本利益的一致。因此，我们国家可以而且必须由人民代表大会统一地行使国家权力；同时在这个前提下，对于国家的行政权、审判权、检察权和武装力量的领导权，也都有明确的划分，使国家权力机关和行政、审判、检察机关等其他国家机关能够协调一致地工作。”①

集中力量办大事是我国国家制度的突出优势。在中国共产党的领导下，国家统一高效组织各项事业、开展各项工作，各国家机关心往一处想、劲往一处使，全国一盘棋，朝着共同的目标努力奋斗。邓小平同志曾经说过：“社会主义国家有个最大的优越性，就是干一件事情，一下决心，一做出决议，就立即执行，不受牵扯。”②习近平总书记指出：“我们最大的优势是我国社会主义制度能够集中力量办大事。这是我们成就事业的重要法宝。”③

新中国成立70多年来，中国共产党带领中国人民发愤图强、艰苦创业，创造了“当惊世界殊”的发展成就。1952—2019年，中国GDP从679.1亿元跃升到99.09万亿元，人均GDP从119元提高到7.09万元。目前，我国已成为世界第二大经济体、制造业第一大国、货物贸易第一大国、外汇储备第一大国、商品消费第二大国、外资流入第二大国、对外投资第二大国。中国农村贫困人口由1978年的7.7亿人减少至2019年的551万人，千百年来困扰中华民族的绝对贫困问题即将历史性地画上句号。“两弹一星”、杂交水稻、载人航天、深海探测、北斗三号全球卫星导航系统、C919大飞机、天眼望远镜等重大科技成果振奋人心，青藏铁路、三峡工程、南水北调、西气东输、港珠澳大桥、北京大兴国际机场等国家工程捷报频传，高铁、移动支付、共享单车、网购等

① 《中华人民共和国第五届全国人民代表大会第五次会议文件》，人民出版社1983年版，第23页。

② 《邓小平文选》第三卷，人民出版社1993年版，第240页。

③ 《习近平谈治国理政》第二卷，外文出版社2017年版，第273页。

引领世界潮流……中国人民用双手书写了人类发展史上的伟大传奇！

2017 年 12 月 17 日，C919 飞机 102 架机首飞成功。（新华社发）

## 三、国家结构形式实行党中央集中统一领导下的单一制

当今世界，国家结构形式主要有两大类：单一制和联邦制。在典型的单一制国家，只有一部宪法，只有一套统一的国家机构体系；地方的权力来自中央的授予，并接受中央的统一领导；在对外关系上，国家是一个统一独立的主体。法国、日本等是单一制国家的代表。联邦制国家是由两个或多个成员单位联合组成的国家。在法律体系方面，除联邦宪法、法律外，各联邦组成部分也有自己的宪法、法律；联邦及其成员单位，依据联邦宪法的规定，各自

行使部分国家权力。美国、德国是联邦制国家的代表。

中国是全国各族人民共同缔造的统一的多民族国家，实行单一制。中国共产党是最高政治领导力量，党中央制定大政方针，各国家机关和各地方自觉坚持党中央集中统一领导，坚决贯彻党中央决策部署。全国人大及其常委会根据党的主张和人民的意志，制定修改法律、作出决定决议，各级国家机关都要严格遵守和执行。中央和地方国家机构职权的划分，遵循在中央的统一领导下，充分发挥地方的积极性、主动性的原则。地方各级人民政府对本级人民代表大会和上一级国家行政机关负责并报告工作。全国地方各级人民政府都是国务院统一领导下的国家行政机关。

### 延伸阅读 为什么选择单一制的国家结构形式？

在起草《共同纲领》的过程中，毛泽东同志曾就国家结构形式问题专门征求时任中央统战部部长李维汉的意见。李维汉认为，中国同苏联国情不同，中国各民族在中国共产党领导下，由平等联合进行革命，到平等联合建立统一的人民共和国，并没有经过民族分离，不宜实行联邦制。因此，单一制的国家结构形式，更加符合中国的实际，在统一的国家内实行民族区域自治，更有利于民族平等原则的实现。党中央采纳了这个意见。

民族区域自治制度是中国共产党针对中国的民族问题，在国家结构形式上的一个伟大创造。中国历来都是统一的多民族国家。在创建新中国政权的斗争历程中，我们党对民族地区和民族问题进行了深入思考和探索。1949 年，中国人民政治协商会议通过具有临时宪法性质的《共同纲领》，正式确认实行民族区域自治制度。我国实行的民族区域自治制度，既不同于历史上的属邦属国、羁縻府州、土司制等，也不同于其他国家的联邦、加盟共和国。

### 延伸阅读 党领导下的第一个民族自治区是哪儿？

1945年10月，党中央在《关于内蒙工作的意见》中提出，在内蒙古实行民族区域自治。1947年4月23日至5月3日，内蒙古人民代表会议在王爷庙（今乌兰浩特市）召开，确定5月1日为内蒙古自治区成立纪念日。从此，党领导下的首个省级民族自治地方——内蒙古自治区宣告成立。

1947年5月1日，当选的自治区主席、副主席、委员在内蒙古自治区政府成立大会上宣誓就职。（新华社发）

民族区域自治是在国家统一领导下，各少数民族聚居的地方实行区域自治，设立自治机关，行使自治权。自治机关是该民族自治地方的人民代表大会和人民政府。自治机关在行使地方人大和政府职权的同时，依法行使自治权。民族自治地方分为自治区、自治州、自治县。

### 延伸阅读 民族乡是民族自治地方吗？

《宪法》第一百一十二条规定，民族自治地方的自治机关是自治区、自治州、自治县的人民代表大会和人民政府。第九十五条规定，省、直辖市、县、市、市辖区、乡、民族乡、镇设立人民代表大会和人民政府。那么，民族乡属于民族自治地方吗？答案是否定的。对于有些少数民族聚居地区，因地域太小、人口太少，不宜建立自治地方和设立自治机关的，通过在这些地区设立民族乡的办法，使这些地区的少数民族也能行使当家作主的权利。民族乡是民族区域自治制度的一种必要补充形式，不是民族自治地方。

目前，我国共建立了155个民族自治地方，包括5个自治区、30个自治州和120个自治县（旗）。这些民族自治地方面积达到我国国土总面积的64%。民族自治地方不是某个民族独享的自治、独有的地方。所有的民族自治地方都是中华人民共和国不可分离的组成部分，是全国各族人民共同的家园。

## 延伸阅读 民族自治地方享有哪些自治权？

根据《宪法》和《民族区域自治法》，民族自治地方拥有广泛的自治权。一是自主管理本民族、本地区的内部事务。民族自治地方的人大常委会中，都有实行区域自治的民族的公民担任主任或者副主任；自治区主席、自治州州长、自治县县长由实行区域自治的民族的公民担任。二是民族自治地方的人民代表大会有权依照当地的政治、经济和文化的特点，制定自治条例和单行条例，并可以依照当地民族特点，依法对法律和行政法规的规定作出变通规定。三是自主管理地方财政。依照国家财政体制属于民族自治地方的财政收入，都应当由民族自治地方的自治机关自主地安排使用。四是使用和发展本民族语言文字。我国55个少数民族中，除回族和满族通用汉语文外，其他53个民族都有本民族语言，有22个少数民族共使用27种文字。

特别行政区制度是我国在国家结构形式上的另一个伟大创造。20世纪80年代初，为实现国家和平统一，邓小平同志提出了“一国两制”的伟大构想。简单地说，“一国两制”就是在一个中国的前提下，国家主体实行社会主义制度，香港、澳门、台湾保持原有的资本主义制度。在“一国两制”中，“一国”是根，根深才能叶茂；“一国”是本，本固才能枝荣。“一国”是实行“两制”的前提和基础，“两制”从属和派生于“一国”，并统一于“一国”之内。

宪法贯彻落实“一国两制”方针，规定了特别行政区制度。《宪法》第三十一条规定：国家在必要时得设立特别行政区。在特别行政区

1997 年 7 月 1 日，江泽民同志在香港会展中心举行的中英香港政权交接仪式上发表讲话。（新华社记者 张燕辉摄）

内实行的制度按照具体情况由全国人民代表大会以法律规定。1990 年，七届全国人大三次会议通过了《香港特别行政区基本法》（以下简称《香港基本法》），同时作出设立香港特别行政区的决定。1993 年，八届全国人大一次会议通过了《澳门特别行政区基本法》（以下简称《澳门基本法》），同时作出设立澳门特别行政区的决定。1997 年

7月1日，中华人民共和国主席江泽民庄严宣告："中国对香港恢复行使主权。中华人民共和国香港特别行政区正式成立。这是中华民族的盛事，也是世界和平与正义事业的胜利。"①1999年12月20日，中国政府对澳门恢复行使主权。"一国两制"伟大构想在香港、澳门付诸实践。

### 延伸阅读　"一国两制"的构想是怎么提出来的？

"一国两制"构想的提出是从台湾问题开始的，首先运用于解决香港问题。1978年11月，邓小平同志在会见缅甸总统吴奈温时说："在解决台湾问题时，我们会尊重台湾的现实。比如，台湾的某些制度可以不动……那边的生活方式可以不动"②。这是关于"一国两制"构想的雏形。1982年1月，邓小平同志在会见美国华人协会主席李耀滋时，第一次正式提出"一个国家，两种制度"的构想。③后来，他在多个场合对这一构想作了全面深入的阐释，使之逐步成为系统性的科学方案。

根据宪法和两个基本法，中央拥有对香港、澳门特别行政区的全面管治权。这个全面管治权，既包括中央直接行使的权力，也包括授权香港、澳门特别行政区依法实行高度自治。对于香港、澳门特别行政区的高度自治权，中央具有监督的权力。中央依法直接行

① 《江泽民文选》第一卷，人民出版社2006年版，第651页。
② 《邓小平年谱(一九七五——一九九七)》(上)，中央文献出版社2004年版，第430页。
③ 参见《邓小平年谱（一九七五——一九九七)》（下），中央文献出版社2004年版，第797页。

使管治权的权力主体包括全国人大及其常委会、国家主席、中央人民政府、中央军事委员会。全国人大决定特别行政区的设立，制定基本法以规定特别行政区实行的制度，并拥有基本法的修改权。全国人大常委会拥有对基本法的解释权，对特别行政区行政长官产生办法和立法会产生办法修改的决定权，对特别行政区立法机关制定法律的监督权，对特别行政区进入紧急状态的决定权，以及向特别行政区作出新授权的权力。特别行政区直辖于中央人民政府，行政长官向中央人民政府负责，中央人民政府拥有任命行政长官和主要官员、依法管理与特别行政区有关的外交事务、向行政长官发出指令的权力。中央军委领导香港、澳门特别行政区驻军，履行防务职责，等等。

延伸阅读

**全国人大常委会有关香港特别行政区的法律解释和授权决定等工作**

香港回归以来，全国人大常委会先后对《香港基本法》作出5个解释，就香港特别行政区政制发展、口岸管辖、“一地两检”等问题作出5个决定；5次决定对《香港基本法》附件三所列全国性法律进行增减。目前，共有14部全国性法律列入《香港基本法》附件三。

延伸阅读

**建立健全香港特别行政区维护国家安全的法律制度和执行机制**

香港回归以来，“一国两制”事业取得了前所未有的成功。同时，也遇到了一些新情况新问题，面临着新的风险和挑战。一个突出的问题就是香港特别行政区国家安全风险日益凸显。特别是2019年香港发生“修例风波”以来，反中乱港势力公然从事破坏国家统一、分裂国家活动，严重挑战“一国两制”原则底线。一些外国和境外势力公然干预香港事务，利用香港从事危害我国国家安全的活动。从国家层面建立健全香港特别行政区维护国家安全的法律制度和执行机制，改变香港特别行政区国家安全领域长期“不设防”状况，恢复香港法治秩序，是包括香港同胞在内的全国人民的最大愿望和共同心声。

党的十九届四中全会明确提出：“建立健全特别行政区维护国家安全的法律制度和执行机制，支持特别行政区强化执法力量。”“绝不容忍任何挑战‘一国两制’底线的行为，绝不容忍任何分裂国家的行为。”贯彻落实党中央决策部署，根据《宪法》和《香港基本法》，2020年5月28日，十三届全国人大三次会议作出《关于建立健全香港特别行政区维护国家安全的法律制度和执行机制的决定》，6月30日，十三届全国人大常委会第二十次会议审议通过《香港特别行政区维护国家安全法》，并决定将这部法律列入《香港基本法》附件三，由香港特别行政区在当地公布实施。《香港特别行政区维护国家安全法》明确规定了香港特别行政区维护国家安全的职责和机构，分裂国家罪、颠覆国家政权罪、恐怖活动罪、勾结外国或者境外势力危害国家安全罪四类罪行和处罚，案件管辖、法律适用和程序，中央人民政府驻香港特别行政区维护国家安全机构等内容，是一部兼具实体法、程序法和组织法内容的综合性法律。该法的颁布施行，必将有效维护国家安全，保障香港长治久安和长期繁荣稳定，确保“一国两制”事业行稳致远。

香港、澳门特别行政区依法实行高度自治，享有行政管理权、立法权、独立的司法权和终审权。需要明确的是，香港、澳门特别行政区的高度自治权不是固有的，其唯一来源是中央授权。高度自治权既不是完全自治，也不是分权，而是中央授予的地方事务管理权。高度自治权的限度在于中央授予多少权力，特别行政区就享有多少权力，不存在“剩余权力”。

## 延伸阅读 “一国两制”在澳门的实践成就

澳门回归20多年来，在《宪法》和《澳门基本法》的保障下，澳门社会和谐稳定，民主政制稳步发展，对外交往不断扩大，各项事业全面发展，特别是经济持续增长，财政收入充盈，民生福利明显改善，居民生活水平显著提升。澳门本地生产总值从1999年的519亿澳门元大幅增至2019年的4347亿澳门元，实现了跨越式发展；人均GDP也由1999年的12万澳门元跃升至2019年的64.5万澳门元，位列世界前茅。

2019年12月3日，在澳门回归20周年之际，全国人大常委会就纪念《澳门基本法》实施20周年举行座谈会。澳门特别行政区行政长官崔世安在发言中说：“作为‘一国两制’事业的见证者，同时也是践行者，这20年的经历使我深深地认识到，‘一国两制’和基本法，既能保证澳门特别行政区有‘一国之本’，有强大的国家做后盾和支撑；又能保证澳门特别行政区有‘两制之利’，保持高度自治和地域优势，从而实现长期繁荣稳定。”①

① 《坚守“一国”之本　善用“两制”之利——纪念中华人民共和国澳门特别行政区基本法实施20周年座谈会发言摘编》，《人民日报》2019年12月4日。

## 四、人大和政协在国家治理体系中发挥着重要作用

中国政治制度和治理体系最显著的特征和优势，就是坚持党的领导、人民当家作主、依法治国有机统一。在中国共产党领导下，经过多年探索实践和发展完善，我国建立起一整套保证人民当家作主的制度体系，包括人民代表大会制度这一根本政治制度，中国共产党领导的多党合作和政治协商制度、民族区域自治制度、基层群众自治制度这三个基本政治制度，以及一系列重要制度。这些制度从不同层面、不同领域、不同途径发挥功效，支持和保证人民当家作主具体地、现实地落实到国家政治生活和社会生活之中。

### 延伸阅读 什么是“一院制”和“两院制”？

“一院制”是指国家的议会只设一个院的政治制度。世界上许多国家实行“一院制”，比如西班牙、葡萄牙、希腊、丹麦、新加坡等。“一院制”下，议会通过议案较为简便，具有效率高、民意集中的特点。

“两院制”是指以两个独立运作的议院组成的国会作为立法机构的政治制度。两院均有立法和监督行政的权力，法律草案一般须经两院分别通过才能生效。两院的名称各有不同，比如，美国、日本等国分为参议院和众议院，英国分为上院和下院，法国分为参议院和国民议会，俄罗斯则分为联邦委员会和国家杜马。实行“两院制”主要出于两方面的考虑，一个是为了平衡地区、民族、阶层等利益；另一个是出于在议会内部相互制衡的需要。“两院制”下，立法和决策更加审慎，但也有效率低下、容易扯皮的问题。

近几十年来，每年的全国人民代表大会和全国政协会议一般都是3月初在北京隆重召开，这是中国人民政治生活中的一件大事。国外有些人看到中国每年都开两会，想当然地认为中国的人大、政协就是“两院”。这种看法是不对的。人大是国家权力机关，通过依法行使职权，把党的主张通过法定程序转化为国家意志，把人民利益和愿望体现到国家决策和各项工作中。人民政协作为统一战线的组织、多党合作和政治协商的机构、人民民主的重要实现形式，是社会主义协商民主的重要渠道和专门协商机构，通过政治协商、民主监督、参政议政，让各个方面理解、认同、支持、贯彻中国共产党的主张，把更多的人团结在党的周围。人大严格依照宪法法律行使职权，制定的法律、作出的决定决议具有法定效力，依靠国家强制力保证实施。政协依章程履职尽责，通过政协制度的有效运行和协商民主程序建

2018年3月5日，十三届全国人大一次会议在人民大会堂开幕。（新华社记者　饶爱民摄）

言献策，加强思想政治引领，为党和国家事业广泛凝聚人心和力量。邓小平同志曾经说过："我们实行的就是全国人民代表大会一院制，这最符合中国实际。如果政策正确，方向正确，这种体制益处很大，很有助于国家的兴旺发达，避免很多牵扯。"①

新中国成立之初，由于召开普选的人民代表大会条件尚不具备，中国人民政治协商会议第一届全体会议曾代行全国人民代表大会的职权。这个全体会议通过了具有临时宪法性质的《中国人民政治协商会议共同纲领》、《中国人民政治协商会议组织法》和《中华人民共和国中央人民政府组织法》，作出关于国都、国旗、国歌、纪年的决议，选举产生政协全国委员会和中央人民政府委员会。1954 年全国人民代表大会召开后，人民政协继续在国家政治生活和社会生活中开展了卓有成效的工作，发挥着十分重要的作用。目前每年的全国政协会议，是政协全国委员会会议，与 1949 年的全体会议不同。在会议名称的表述上，以 2018 年新一届全国人大和全国政协为例，分别表述为"第十三届全国人民代表大会第一次会议"和"中国人民政治协商会议第十三届全国委员会第一次会议"。

### 延伸阅读 为什么叫两会？

两会并不是一个特定的机构名称，而是指历年召开的中华人民共和国全国人民代表大会会议和中国人民政治协商会议全国委员会会议。自 1978 年始，由于两场会议会期基本重合，有些议程的安排也重合，对国家政治生活都十分重要，故被合并简称为两会。从 1998

① 《邓小平文选》第三卷，人民出版社 1993 年版，第 220 页。

年起，除特殊情况，每年全国政协会议在3月3日、全国人大会议在3月5日开幕，这已经成为一个惯例。

在每年的两会期间，全国政协委员列席全国人大的会议，听取并讨论政府工作报告、计划报告、预算报告、最高人民法院工作报告、最高人民检察院工作报告，讨论有关法律案草案，并提出意见，但不参与表决。政协委员提出的意见建议，由起草部门在修改相关报告和议案时予以研究体现。

# 第三章

# 党领导人民依宪执政依宪治国

宪法，是治国安邦的总章程，是人民权利的宣言书、保障书，具有最高的法律地位、法律权威、法律效力。在中国共产党的领导下，新中国的第一部宪法与一届全国人大一次会议相伴而生，为人民当家作主提供了坚实法治保障和制度支撑。党领导人民制定宪法法律，领导人民实施宪法法律，其自身也在宪法法律范围内活动，凸显了宪法至上的法治地位和法治力量。新中国宪法制度实施70多年来特别是现行宪法施行近40年来的实践充分证明，我国宪法是符合国情、符合实际、符合时代发展要求的好宪法，是充分体现人民共同意志、充分保障人民民主权利、充分维护人民根本利益的好宪法，是推动国家发展进步、保证人民创造幸福生活、保障中华民族实现伟大复兴的好宪法。人民通过人民代表大会掌握国家政权、行使国家权力，既是宪法对人民当家作主的体现和确认，也要依照宪法来保证、来实现。

## 一、从“五四宪法”到现行宪法

历史总是在跌宕起伏的曲折过程中开辟前进的道路。制定和实施一部真正的人民宪法，是近代以来中国人民争取民主权利、谋求民族复兴的不懈追求。自晚清提出宪法问题，到新中国成立前的几十年时间，各种政治势力在制宪问题上展开激烈斗争，各种版本的宪法文件轮番推出，最终都成为一纸空文，被历史所抛弃。

宪法同党和人民进行的艰苦奋斗和创造的辉煌成就紧密相连，同党和人民开辟的前进道路和积累的宝贵经验紧密相连。1949 年中华人民共和国的成立，开辟了中国历史上从未有过的人民当家作主的历史新纪元。新国家、新社会需要全国上下一体遵行的新宪法，1954 年 9 月 20 日，一届全国人大一次会议表决通过了《中华人民共和国宪法》（即“五四宪法”），中国历史上第一部真正意义上的“人民宪法”庄严诞生了。这部宪法是在毛泽东同志的领导和主持下起草制定的。1953 年 1 月 13 日，根据中共中央的提议，中央人民政府委员会第二十次会议通过制宪决议。同时，决定成立宪法起草委员会，由毛泽东同志担任主席，成员共有 32 人，包括中央人民政府委员会、政务院、最高人民法院、全国政协等中央机构负责人和各民主党派、无党派代表人物，这充分体现宪法起草工作的严肃性和权威性。

宪法起草委员会组成后，为了保证起草工作顺利进行，1953 年底中共中央指定成立了一个宪法起草小组，由毛泽东同志领导并亲自参加，负责宪法草案初稿的拟订工作。为了做好制宪这件立国安邦的大事，毛泽东同志要求政治局委员和在京中央委员阅看不同类型的宪法，包括 1936 年苏联宪法及斯大林报告，1918 年苏俄宪法，还有罗马尼亚、波兰、民主德国、捷克斯洛伐克等国宪法，这是中国共产党高层领导第一次集中系统学习法律，是一种别具一格的“普法教育”，对新中国法治事业发展产生了深远影响。毛泽东同志不仅口头上谈过许多意见，而且对历次宪法草案稿都作了修改，写下了不少批语，字斟句酌，反复推敲。比如，宪法草案初稿油印打字稿的第五十八条为：“地方各级人民代表大会和地方各级人民政府在执行其任务时，应经常保持同人民群众的密切联系，广泛吸收人民群众参加和监督国家管理工作，不断地注意对脱离群众的官僚主义现象进行斗争。”毛泽东同志于此条上方批示：“此条似应移至总纲”。在后来通过的1954年宪法中，这条写入宪法总纲第十七条，并修改为“一切国家机关必须依靠人民群众，经常保持同群众的密切联系，倾听群众的意见，接受群众的监督”。毛泽东同志说：“搞宪法是搞科学。”“宪法的起草是慎重的，每一条、每一个字都是认真搞了的。”①

### 延伸阅读 为什么“五四宪法”草案被称作“西湖稿”？

1953年12月24日，毛泽东同志带着宪法起草小组的部分同志乘专列前往杭州。在南下的列车上，毛泽东同志对随行人员说：治国，须有一部大法。我们这次去杭州，就是为了能集中精力做好这件立国安邦的大事。一直到1954年3月，宪法起草小组在杭州西湖畔紧张工作，拟出了宪法草案初稿并修改形成了二读稿、三读稿，陆续送到北京征求意见、讨论修改。历时77天，形成了比较成熟的宪法草案文本。2016年12月4日，在毛泽东同志曾工作过的北山街84号院开设“五四宪法”历史资料陈列馆，这是全国第一家以宪法为主题的资料陈列馆。

1954年6月，《中华人民共和国宪法（草案）》向社会全文公布，一场史无前例的全民大讨论在全国范围内展开。各地群众把宪法看作是人民的翻身法、各族人民的团结法、建设社会主义的幸福法，把学

① 毛泽东：《关于宪法草案的修改问题》（一九五四年九月十四日），《关于制定中华人民共和国第一部宪法的文献选载》（一九五三年一月——一九五四年九月），《党的文献》1997年第1期。

习讨论宪法草案当作一件大事、盛事、喜事。据统计，全国共有 1.5 亿多人参加讨论，约占当时全国总人口的 1/4。许多地方听报告和参加讨论的人数达到当地成年人口的 70%以上，有些城市和地区超过 90%。在近 3 个月的讨论中，共收集整理了 118 万多条修改和补充意见。宪法起草历时 7 个多月，汇集了全党全国各族人民的意志和智慧。

## 延伸阅读　宪法草案大讨论

那个火红的年代，人民群众对宪法草案所表现出来的政治热情是空前的，人民性在宪法草案讨论中体现得尤为明显。北京市有百万人参与讨论，共培训了报告员、宣传员 2 万多名，全市 5000 多

1954 年 6 月，北京国营第一棉纺织厂工人们获悉《中华人民共和国宪法（草案）》公布的消息后，立刻出黑板报宣传。（新华社记者　吴化学摄）

块黑板都以宣传宪法草案为主要内容。上海市有270万人听到了有关宪法草案的报告，基本实现了家喻户晓。草案公布后不到一个月时间内，新华书店在全国发行了1180多万册宪法草案，其中包括用蒙、藏、维吾尔、哈萨克、朝鲜等少数民族文字印行的共17万册。1954年夏季我国遭遇特大洪涝灾害，许多地方就在防洪大堤上开会讨论；通往北京的道路被洪水冲垮了，就把群众的意见用油纸打包好装上飞机送到北京。

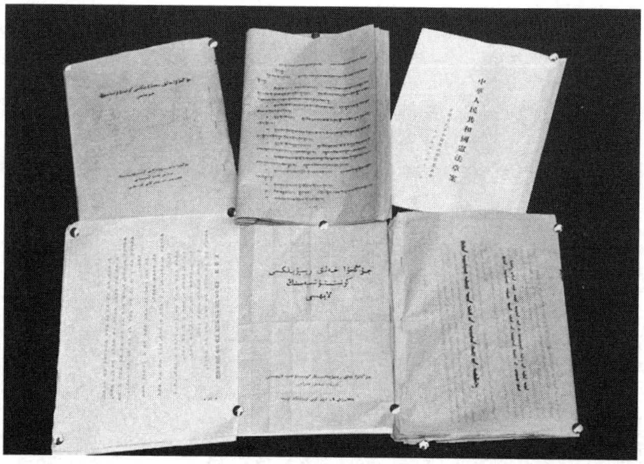

1954年6月，民族出版社将《中华人民共和国宪法（草案）》翻译成蒙、藏、维吾尔、哈萨克和朝鲜五种少数民族文字出版。（新华社记者　徐炳兴摄）

源头活水，成就大河奔流。1954年9月15日，一届全国人大一次会议在北京中南海怀仁堂隆重开幕。刘少奇同志向大会作了《关于中华人民共和国宪法草案的报告》。20日下午，代表们怀着无比兴奋的心情走进会场，用浅红色的“通过中华人民共和国宪法表决票”投下了神圣的一票。出席当天会议的代表共1197人，投票1197张，同意票1197张，新中国第一部“人民的宪法”全票通过。那一刻，满场欢腾，全体起立，雷鸣般的掌声和“中国共产党万岁”、“中华人民共和国万岁”的欢呼声经久不息。

1954年宪法第一次以根本法的形式，确认了近代一百多年来中国人民为反对内外敌人、争取民族独立和人民自由幸福进行的英勇斗争，确认了中国共产党领导中国人民夺取新民主主义革命胜利、中国人民掌握国家权力的历史变革，确立了中国共产党在国家中的领导地位。

### 延伸阅读　1954年宪法的突出特点是什么？

一是鲜明的人民性。无论是制宪的过程，还是宪法文本内容，都从全体人民的利益出发，充分体现了深刻的人民民主精神。二是原则性和灵活性相结合。一时办不到的事，必须允许逐步去办，比如公民权利的物质保证，当时不能完全实现，写的就是“逐步扩大”，贯彻实事求是精神。三是过渡时期宪法。毛泽东同志明确指出：“我们的这个宪法，是社会主义类型的宪法，但还不是完全社会主义的宪法，它是一个过渡时期的宪法。”①

1954年宪法颁布施行后的头几年，受到各方面的高度尊重和普遍执行。那个时候，中央决定重大问题时，毛泽东、周恩来等同志常问：“是不是符合宪法？”可见对贯彻执行宪法的高度重视。但是，从20世纪50年代后期开始，由于指导思想上发生“左”的偏差和工作中的失误，再加上“文化大革命”的影响，我国社会主义民主法制陷入低谷，各级人民代表大会会议不能按期召开，宪法确认的公民基

① 《毛泽东著作选读》下册，人民出版社1986年版，第712页。

本权利失去了保障。四届、五届全国人大修改制定的1975年宪法、1978年宪法都存在严重问题和缺陷。历史再次证明，只有切实尊重和有效实施宪法，人民当家作主才有保证，党和国家事业才能顺利发展。反之，如果宪法受到漠视、削弱甚至破坏，人民权利和合法权益就无法保证，党和国家事业就会遭受挫折。

适应改革开放新形势，顺应人民群众新期待，出台一部新宪法被提上日程。1982年12月4日，五届全国人大五次会议表决通过了现行宪法，也被称为1982年宪法。时任全国人大常委会委员长叶剑英评价它“是建国以来最好的一部宪法，既总结了三十多年来正反两个方面的经验，又集中了全国各族人民的智慧”①。这部宪法的公布施行，成为我国社会主义民主法治建设进入新阶段的重要标志。

### 延伸阅读 我国宪法序言具有法律效力吗？

宪法序言是我国宪法的灵魂，集中体现了党的基本主张和人民的根本意志，是宪法不可分割的重要组成部分，同现行宪法各章节一样具有最高法律效力。宪法及其法律效力具有整体性和不可分解性，任何将宪法序言与宪法总纲、宪法具体条文区分开来，进而认为宪法序言没有法律效力的观点，都是错误的。同时，宪法序言对宪法条文具有统领性和指导性，宪法条文是对宪法序言规定的基本价值和原则、国家根本任务、奋斗目标等的具体化和条文化。违反宪法序言，就是违反宪法。②

① 《中华人民共和国第五届全国人民代表大会第五次会议文件》，人民出版社1983年版，第333页。

② 参见李林：《宪法序言同样具有最高法律效力》，《人民日报》2018年3月9日。

宪法只有不断适应新形势、吸纳新经验、确认新成果、作出新规范，才具有持久生命力。在保持稳定性、权威性、连续性的基础上与时俱进、吐故纳新，是宪法之树常青的源泉。1982 年宪法公布施行后，在党中央的领导下，全国人大分别于 1988 年、1993 年、1999 年、2004 年、2018 年，先后 5 次对现行宪法个别条款和部分内容作出必要的修正，共通过了 52 条修正案，及时确认党和人民创造的伟大成就和宝贵经验，体现了中国特色社会主义道路、理论、制度、文化的发展成果。

### 延伸阅读 宪法修改的程序是什么？

同普通法律的修改相比，宪法修改的程序更加严格。只有全国人民代表大会有权修改宪法，可以提出宪法修正案草案的只有全国人大常委会或者 1/5 以上的全国人大代表，表决时必须由全体代表的 2/3 以上多数赞成才能通过，而且必须采用投票的方式进行表决。在修宪实践中，还形成了一些政治惯例，比如宪法修改的启动，一般是由中共中央全会讨论形成有关建议，向全国人大常委会提出；经全国人大常委会审议后，形成宪法修正案草案，提请全国人民代表大会审议。

曾有人这样形象地说：“一手拿着宪法文本，一手拿着国家建设和发展的成绩单，两者相互对照、呼应，让我们看到一部行动中的宪法、进步中的宪法，能够更加深刻领会到宪法的内涵和功效。”盘点现行宪法的历次修正，宪法序言第 7 自然段的有关内容修改过 4 次，先后将邓小平理论、“三个代表”重要思想、科学发展观、习近平新时代中国特色社会主义思想写入宪法，记载了党和国家指导思想的丰富发展；对国家根本任务、奋斗目标不断进行调整充实，相继增加社会主义初级阶段，坚持改革开放，中国特色社会主义道路，发展社会主义市场经济，贯彻新发展理念，推动物质文明、政治文明、精神文明、社会文明、生态文明协调发展等内容。我们的奋斗目标从1982年宪法规定的“高度文明、高度民主的社会主义国家”，到1993年修正案的“富强、民主、文明的社会主义国家”，再到2018年修正案的“富强民主文明和谐美丽的社会主义现代化强国，实现中华民族伟大复兴”，确认了党认识和把握社会主义建设规律的成果，中国特色社会主义事业总体布局不断丰富和完善。

再比如，对《宪法》第十一条先后修改过3次，1988年增加规定“国家允许私营经济在法律规定的范围内存在和发展。私营经济是社会主义公有制经济的补充。国家保护私营经济的合法的权利和利益，对私营经济实行引导、监督和管理”；1999年明确“在法律规定范围内的个体经济、私营经济等非公有制经济，是社会主义市场经济的重要组成部分”；2004年进一步强调“国家鼓励、支持和引导非公有制经济的发展”。从“社会主义公有制经济的补充”到“社会主义市场经济的重要组成部分”的修改，由“引导、监督和管理”到“鼓励、支持和引导”的变化，无疑为非公有制经济健康发展注入了强心剂，让非公有制经济人士吃上了定心丸。

1982年宪法文本

## 延伸阅读 中国宪法是一部强国宪法

新中国的宪法从产生的那一天起，追求的目标就是强国富民，就是以宪强国。为什么宪法序言从第2段起，用了5个自然段谈到民族独立和救亡图存，就是这个道理。

西方国家的宪法是"控权"宪法，大多是对其国内的革命或者民主成果的固定，没有未来发展目标和纲领。中国宪法不仅仅是确认民主和权利，还有纲领、路线、发展道路和国家发展目标，它是一部强国宪法。

1954年宪法制定时，确立了中国宪法的精神和特色：不仅是将革命和民主的成果通过宪法固定下来，而且在宪法中对国家的发展目标、发展道路、发展方式作出明确规定，为国家和人民明确前进方向和目标道路，明确了制定宪法的目的是"为建设一个伟大的社会主义国家而奋斗"。这是中国宪法与其他国家宪法相比独具特色的地方，也是独有的宪法精神。我国现行宪法明确提出了"把我国建设成为富强民主文明和谐美丽的社会主义现代化强国，实现中华民族伟大复兴"的奋斗目标，为国家发展进步指明了前进方向，提供了根本遵循。

翻看1982年宪法的5个修正案，一次次修改都记载着中国共产党领导人民不懈奋斗、实现各阶段任务目标的稳健步伐，体现着中国特色社会主义事业的发展成果和宝贵经验，犹如一帧帧生动的画面在眼前浮现，每一个宪法修正案、每一个宪法条文熠熠生辉，充满生机、富有活力。

## 二、保证人民依法享有广泛的权利和自由

列宁说:“什么是宪法?宪法就是一张写着人民权利的纸。”① 自18世纪以来,只有符合公民自由的要求并为公民自由提供了特定保障的宪法才能被称为宪法。从根本法上明确规定公民的基本权利和义务,是近代以来各国宪法的一项基本原则和重要内容。我国宪法的社会主义属性,决定了它是完全为了人民的,是保护人民的权利和合法权益的。

一部宪法,只有真正立法为民才能让人民发自内心坚守。新中国成立以来的宪法性文件,都对公民的基本权利和义务作了普遍规定,而且随着经济社会发展、依法治国深入实施和人们的权利意识增强,相关条文的数量和内容日益丰富和完善。1954 年宪法第一次采用“公民”这个法律概念,第一次专章规定了公民的基本权利和义务,共15 条、1125 字。在讨论 1954 年宪法草案时,毛泽东同志说:“人民的权利,如劳动权、受教育权等,是逐步保证,不能一下子保证。”“支票开得好看,但不能兑现,人民要求兑现,怎么办?还是老实点吧!”这充分表明,我国宪法所确认的公民权利不是仅仅停留在宣示上的“美丽辞藻”,而是实实在在体现到每一个公民的工作和生活中。

1982 年宪法的一项创新,就是将“公民的基本权利和义务”一章提到“总纲”之后、“国家机构”一章之前,凸显了保障公民权利和自由的宪法精神。现行宪法所规定的公民基本权利非常广泛,不仅体现在《宪法》第二章的 24 个条文、近 2000 字中,在“总纲”、“国家机构”等章节也有不少关于公民基本权利的规定。比如,“总纲”

① 《列宁全集》第 12 卷,人民出版社 2017 年版,第 50 页。

第十一条规定："国家保护个体经济、私营经济等非公有制经济的合法的权利和利益。"第十三条规定："公民的合法的私有财产不受侵犯。国家依照法律规定保护公民的私有财产权和继承权。"又如，在"国家机构"一章中，第一百三十条规定："被告人有权获得辩护。"第一百三十九条规定："各民族公民都有用本民族语言文字进行诉讼的权利。人民法院和人民检察院对于不通晓当地通用的语言文字的诉讼参与人，应当为他们翻译。"

## 延伸阅读 1982 年宪法的"公民的基本权利和义务"一章为什么提前？

在之前的 3 部宪法中，"国家机构"这一章都是在"公民的基本权利和义务"一章之前的。起草 1982 年宪法时，有人主张把"公民的基本权利和义务"一章提前，宪法修改委员会感到难以决断。邓小平同志得知后明确表示，在宪法文本中，应当把"公民的基本权利和义务"一章摆到"国家机构"一章的前面。他深刻指出，在国家宪法的篇章结构上，先规定公民的基本权利和义务，再规定国家机构，不但表明了我们国家的一切权力属于人民，国家机构是根据人民的授权建立的；而且也表明了我们党和国家对保障公民享有的宪法权利的高度重视。

民惟邦本，本固邦宁。现行宪法对公民基本权利进行规定，让公民享有广泛的权利和自由。一是作为宪法原则的规定，比如平等权，"中华人民共和国公民在法律面前一律平等"；人权原则，"国家尊重和保障人权"；权利和义务相一致原则，"任何公民享有宪法和法律规定的权利，同时必须履行宪法和法律规定的义务”。二是人身自由和人格权，主要包括公民的人身自由不受侵犯、人格尊严不受侵犯、住宅不受侵犯、通信自由和通信秘密受法律的保护等，是公民不可剥夺的、所必需的权利。三是政治权利，主要包括选举权和被选举权，参与国家和社会事务管理，言论、出版、集会、结社、游行、示威的自由，批评、建议、申诉、控告、检举的权利，宗教信仰自由等。四是经济社会和文化权利，主要包括财产权、劳动权、休息权、获得物质帮助权、受教育权、文化权利等。五是对特定主体的权利保护，比如妇女、儿童、残疾人、华侨等。

**延伸阅读** “人权入宪”是怎么回事？

2004 年，“国家尊重和保障人权”这 9 个字庄严载入宪法，成为我国人权保护宪法原则确立和人权保障制度法治化的重要标志，在我国人权实践、政治生活中都具有深远意义。以根本法落实人权保障，是国家坚持人民当家作主具体化、法治化的体现。

实践证明，人民民主制度越是坚强有力，社会主义事业越是向前发展、不断深化，人民的自由和权利也就会更有保障。现行宪法的每一次修改，都彰显出我国社会主义宪法的巨大制度优势，体现了对公民权利和自由保障的广泛性和真实性。

## 三、全国人大及其常委会负责监督宪法实施

我国宪法跳出了一切旧宪法的窠臼，具有显著优势、坚实基础、

强大生命力。改革开放40多年来，宪法以其至上的法治地位和强大的法治力量，有力保障了人民当家作主，有力促进了改革开放和社会主义现代化建设，有力推动了社会主义法治国家进程，有力促进了人权事业发展，有力维护了国家统一、民族团结、社会稳定。实践证明，我国各方面事业发展取得的巨大成就，离不开宪法的实施、保障和推动，我国社会主义民主法治建设取得的巨大成就，也无不闪耀着宪法精神的光辉。

宪法的生命在于实施，宪法的权威也在于实施。党的十八大以来，以习近平同志为核心的党中央高度重视宪法在治国理政中的重要地位和作用，把加强宪法实施和监督作为全面依法治国、加快建设社会主义法治国家的首要任务和基础性工作，鲜明指出“依法治国首先要坚持依宪治国，依法执政首先要坚持依宪执政”。全党全社会宪法意识更加牢固、宪法自信更加坚定、宪法自觉更加彰显，“依宪治国”进一步从观念力量转化为推动社会发展进步的现实动力，助推中国发展取得历史性成就。

《宪法》第五十八条规定，全国人民代表大会和全国人民代表大会常务委员会行使国家立法权。全国人大及其常委会作为立法机关，与宪法法律的制定、修改、解释和监督实施密不可分。按照宪法规定，修改宪法、监督宪法的实施是全国人民代表大会行使的重要职权；解释宪法、监督宪法的实施是全国人大常委会行使的重要职权。这些法定职权，既是人民当家作主，行使国家权力的重要体现；也是依宪治国、建设社会主义法治国家不可或缺的重要保证。

在推动宪法实施方面，立法承担着重要角色、发挥着重要作用，法律法规是依据宪法制定的，实施法律法规在一定意义上就是对宪法的实施。宪法是国家法律法规和各种制度的总依据，被称为“众法之母”，同时它所确立的根本制度、基本制度、重要制度、根本任务、基本原则、方针政策和活动准则等，又主要通过法律法规予以贯彻和体现。因此，形成并不断完善以宪法为核心的中国特色社会主义法律体系，用科学有效、系统完备的法律制度保证宪法实施，是让宪法落地和开花结果的基本途径。从我国宪法实施以来的立法数据看，每部法律都是对宪法制度、宪法精神、宪法原则和规定的具体化，很多法律文本中常常规定：“根据宪法，制定本法”。

国家勋章和荣誉称号制度，是宪法规定的国家重要制度。十二届全国人大常委会第十八次会议于 2015 年 12 月通过《国家勋章和国家荣誉称号法》，为国家实施功勋荣誉制度、开展表彰实践奠定了法治基础。在中华人民共和国成立 70 周年之际，十三届全国人大常委会第十三次会议全票通过《关于授予国家勋章和国家荣誉称号的决定》，授予于敏等 8 人“共和国勋章”，劳尔·卡斯特罗·鲁斯等 6 人“友谊勋章”，叶培建等 28 人国家荣誉称号。国家主席习近平签署主席令，向获得者颁授国家勋章、国家荣誉称号奖章。这是历史上第一次

2019 年 9 月 29 日，我国首次举行国家勋章和国家荣誉称号颁授仪式。习近平等党和国家领导人同国家勋章和国家荣誉称号获得者合影。（新华社记者　庞兴雷摄）

以中华人民共和国名义授予国家勋章和国家荣誉称号。

特赦也是宪法规定的一项重要制度。2015 年、2019 年全国人大常委会两次作出关于特赦部分服刑罪犯的决定，国家主席习近平签署发布特赦令。一次是为纪念中国人民抗日战争暨世界反法西斯战争胜利 70 周年，对参加过中国人民抗日战争、中国人民解放战争等 4 类服刑罪犯实行特赦，经各级人民法院裁核共特赦服刑罪犯 31527 人；一次是为庆祝中华人民共和国成立 70 周年，对参加过中国人民抗日战争、中国人民解放战争或者中华人民共和国成立后参加过保卫国家主权安全和领土完整对外作战的、为国家重大工程建设作出过较大贡献并获得省部级以上荣誉称号的服刑罪犯以及符合条件的老年犯、未成年犯等 9 类服刑罪犯实行特赦，共裁定特赦服刑人员 23593 人。这两次特赦是宪法实施的重要实践。

### 延伸阅读　改革开放前的 7 次特赦

新中国成立后至 1975 年，我国先后进行过 7 次特赦。分别是 1959 年、1960 年、1961 年、1963 年、1964 年、1966 年对确实改恶从善的蒋介石集团、伪满洲国和伪蒙疆自治政府的战犯进行赦免，以及 1975 年赦免全部在押战犯。除第 7 次是无条件赦免外，前 6 次都以“确实已改恶从善”作为赦免罪犯的主要标准和具体前提条件；除第 1 次特赦对象包括反革命罪犯和普通刑事罪犯、战犯，其余 6 次均为战争罪犯。这 7 次特赦都是在朱德同志主持全国人大常委会工作期间作出的决定。

现行宪法确认了“一国两制”这一伟大构想，为解决包括香港、澳门问题在内的祖国统一问题奠定了根本法治基础。同时，《宪法》和《香港基本法》、《澳门基本法》是重塑和维护特别行政区宪制秩序的法律基础和重要依据，也是中央对特别行政区全面管治权的制度化、法律化体现。全国人大常委会在“一国两制”实践中扮演着重要的宪法角色，是特别行政区基本法的“守护者”。全国人大常委会享有对《香港基本法》、《澳门基本法》的最终解释权，这既是一项重要的宪制权力，也是落实中央全面管制权的重要途径。自 1997 年香港回归以来，全国人大常委会根据宪法和基本法的规定，分别于 1999 年、2004 年、2005 年、2011 年、2016 年对《香港基本法》及其附件的个别条款作出 5 次解释。特别是 2016 年主动对《香港基本法》第一百零四条作出解释，坚决打击和遏制“港独”活动，有力维护宪法和基本法确立的宪制秩序。

### 延伸阅读 2016 年全国人大常委会“主动释法”

2016 年，香港特别行政区第六届立法会举行新一轮选举。在新当选的立法会议员宣誓仪式上，个别候任议员在宣誓时擅自篡改誓词或在誓词中增加其他内容，或者不严肃宣誓，蓄意宣扬“港独”主张，并侮辱国家和民族，被监誓人裁定宣誓无效。香港社会乃至立法会内部、立法会与特区政府之间，对上述宣誓的有效性、是否重新安排宣誓等产生了分歧和争议。鉴于上述情况，十二届全国人大常委会第二十四次会议依法作出《关于〈香港特别行政区基本法〉第一百零四条的解释》，明确“拥护中华人民共和国香港特别行政区基本法，效忠中华人民共和国香港特别行政区”既是该条规定的宣誓必须包含的法定内容，也是参选或者出任该条所列公职的法定要求和条件。同时，明确“就职时必须依法宣誓”具有四个层次的含义，其中包括宣誓必须符合法定的形式和内容要求，宣誓人必须真诚、庄重地进行宣誓，必须准确、完整、庄重地宣读法定誓词。

依法妥善处理辽宁拉票贿选案有关问题，是实施宪法的一项创制性实践。2016 年依纪依法严肃处理的辽宁拉票贿选案，是新中国成立以来查处的第一起发生在省级层面、严重违反党纪国法、严重破坏人大选举制度的重大案件。在辽宁省十二届人大一次会议选举全国人大代表过程中，有 45 名当选的全国人大代表拉票贿选，有 523 名辽宁省人大代表涉及此案。① 涉案的省人大代表被终止代表资格后，其省人大常委会组成人员的职务相应终止，这致使辽宁省人大常委会因组成人员已不足半数，无法召开会议履行职责。这种情况在新中国历史上还没有过，需要根据我国宪法精神和有关法律原则作出创制性安排。十二届全国人大常委会依据宪法和有关法律，确定 45 名拉票贿选的全国人大代表当选无效，同时作出《关于成立辽宁省第十二届人民代表大会第七次会议筹备组的决定》，明确由筹备组负责筹备辽宁省第十二届人民代表大会第七次会议，代行省人大常委会部分职权，从而确保地方国家权力机关的正常运转，维护了宪法和国家根本政治制度的尊严。

## 延伸阅读　全国人大法律委员会更名为全国人大宪法和法律委员会

2018 年通过的第五个宪法修正案，将全国人大“法律委员会”

① 参见《十二届全国人大常委会举行第二十三次会议》，《人民日报》2016 年 9 月 14 日。

修改为全国人大“宪法和法律委员会”，目的就是加强宪法实施和监督。2018年6月，十三届全国人大常委会第三次会议通过《关于全国人民代表大会宪法和法律委员会职责问题的决定》，增加其推动宪法实施、开展宪法解释、推进合宪性审查、加强宪法监督、配合宪法宣传等工作职责。为了加强工作力量，全国人大常委会法制工作委员会设立了宪法室。

保证宪法全面贯彻实施，离不开健全完善的宪法监督制度。根据现行《宪法》第六十二条、第六十七条的规定，监督宪法的实施是全国人大及其常委会的重要职权。全国人大常委会履行这一职责最主要的方式就是对行政法规、地方性法规、司法解释开展备案审查①，做到“有件必备、有备必审、有错必纠”。备案审查制度是一项符合中国国情、具有中国特色、维护国家法治统一的宪法性制度设计，维护了宪法权威，保证了宪法法律实施，保护了公民法人合法权利，推动了地方各级人大的立法质量不断提升。

从2000年九届全国人大三次会议审议通过《立法法》正式确立法规备案审查制度，到2004年全国人大常委会法制工作委员会设立法规备案审查室，再到2006年起开始对司法解释进行逐件审查、2010年起开始对行政法规进行逐件审查，以及对地方性法规主动审查的力度逐年加大，人大层面上的备案审查制度日臻完善、走深走实。据统计，截至2019年11月底，制定机关共向全国人大常委会报送备案的现行有效行政法规、地方性法规、司法解释13882件，其中

① 1991年全国人大常委会工作报告中，首次将备案审查制度置于“常委会要加强对宪法实施的监督”部分进行介绍，指出其可以发挥“维护宪法的尊严，保证宪法的实施”的作用。

仅2019年报备的规范性文件就达1485件。值得关注的是，2017年开始对报送备案的地方性法规实行逐件主动审查，可以说是“规范性文件在哪里，备案审查工作就要跟到哪里”。

2018年，全国人大常委会在对生态环保方面地方性法规开展专项审查的基础上，推动各省、自治区、直辖市人大常委会开展全面清理工作，取得了很好的社会效果和法治效果。截至2018年底，督促和指导31个省（自治区、直辖市）完成全面清理工作，共发现存在与上位法规定不一致等问题需要研究处理的法规1029件，当年修改514件、废止83件，还有432件列入立法工作计划。同时，各省（自治区、直辖市）均开展了大气污染防治条例的制定、修改工作，其中新制定17件、修改14件。结合开展备案审查工作，集中解决了相关领域地方立法明显不足、相对滞后，甚至“立法放水”、管控不严等突出问题。

### 延伸阅读 《甘肃祁连山国家级自然保护区管理条例》被依法纠正

2017年7月，党中央通报甘肃祁连山自然保护区生态环境遭受严重破坏的问题。《甘肃祁连山国家级自然保护区管理条例》成为“在立法层面为破坏生态行为放水”的典型案例。根据《自然保护区条例》规定，禁止在自然保护区内进行“砍伐、放牧、狩猎、捕捞、采药、开垦、烧荒、开矿、采石、挖沙”等10类活动。在《甘肃祁连山国家级自然保护区管理条例》中，将上述禁止活动缩减到“狩猎、垦荒、烧荒”等3类，严重放松了监管责任，放任了违法行为，导致祁连山生态系统遭到严重破坏。这一“立法放水”行为被勒令纠正。

很多人把备案审查称作“直通车”，一个信封、一张邮票、一点鼠标，就能够把普通群众的法律诉求、审查建议送到最高国家权力机关。全国人大常委会法制工作委员会法规备案审查室对属于全国人大常委会备案审查范围的建议件，逐一进行登记、研究，并及时向建议人反馈处理结果。比如，2016 年、2017 年公民对《最高人民法院关于适用〈中华人民共和国婚姻法〉若干问题的解释》里的第二十四条的审查建议多达千余件，引起了立法机关对“夫妻共同债务”相关法律问题的高度关注。2018 年，在全国人大常委会关注下，最高人民法院对《婚姻法》司法解释有关内容进行修改，并发布《关于审理涉及夫妻债务纠纷案件适用法律有关问题的解释》。

党的十九大明确提出“推进合宪性审查工作”，这是我们党首次在公开的中央文件中引入“合宪性审查”这一概念，被许多学者称为“依宪治国、宪法实施的里程碑”。虽然“合宪性审查”的概念是近年来才明确提出的，但相关工作已在实践中探索开展。比如，1990 年 4 月七届全国人大三次会议在审议通过《香港基本法》的同时，通过了《全国人民代表大会关于〈中华人民共和国香港特别行政区基本法〉的决定》，确认《香港基本法》是根据我国宪法、按照香港的具体情况制定的，是符合宪法的。这是历史上的合宪性审查实践。

## 延伸阅读 什么是法律通过前的合宪性审查

2018 年 10 月 22 日，全国人大宪法和法律委员会在《关于〈中华人民共和国人民法院组织法（修订草案）〉审议结果的报告》中进行了合宪性判断：“《人民法院组织法》是 1979 年由五届全国人大二次会议通过的。按照《宪法》第六十七条第三项的规定，全国人大常委会对全国人民代表大会制定的法律，可以进行部分补充和修改，但是不得同该法律的基本原则相抵触。由于这次提出的《人民法院组织法（修订草案）》对现行《人民法院组织法》补充修改的内容比较多、幅度比较大，因而在审议中有的意见提出，《人民法院组织法（修订草案）》是由常委会审议通过还是由代表大会审议通过，需要研究、妥善处理。经认真研究后认为，1979 年至今，常委会只对《人民法院组织法》作过一些小的修改。这次对《人民法院组织法》的修改，主要是适应司法体制改革的要求和司法实践发展的需要，对现行法律补充修改的内容较多，体例结构上需要有相应的安排，适宜采取修订的方式；同时，从《人民法院组织法（修订草案）》的内容看，这次修法没有改变我国人民法院的性质、地位、职权、基本组织体系、基本活动准则等，修改的内容都是属于补充、完善、调整、优化性质的，与《人民法院组织法》的基本原则不存在相抵触的情形。因此，《人民法院组织法（修订草案）》由全国人大常委会审议通过是可行的，符合宪法的有关规定。”同时，对于《人民检察院组织法》的修订，也专门作了同样的合宪性判断。

在我国，各级法院没有合宪性审查权限，不能在法律、法规、规章因位阶关系造成冲突时进行“有效无效”式的裁决。合宪性审查是全国人大常委会的法定权限。宪法具有最高的法律效力，一切法律、行政法规、地方性法规、自治条例和单行条例、规章都不得同宪法相抵触；法律的效力高于行政法规、地方性法规、规章；行政法规的效力高于地方性法规、规章；地方性法规的效力高于本级和下级地方政府规章；省、自治区的人民政府制定的规章的效力高于本行政区域内设区的市、自治州的人民政府制定的规章。当位阶低的法规、规章与位阶高的法律相抵触时，法院应当适用位阶高的法律。但是，各级法院无权对法律、法规、规章进行“合宪性审查”或者“合法性审查”，进而作出法律、法规、规章无效的裁决。同时，各级法院也不能将宪法作为案件的直接裁判依据。2016 年 6 月，最高人民法院《人民法院民事裁判文书制作规范》明确规定，“‘裁判文书不得引用宪法……’作为裁判依据，但其体现的原则和精神可以在说理部分予以阐述”。

对于法律的合宪性审查，我国主要采用“事先审查”模式。这个长期坚持的传统，就是在审议法律草案时“同步”进行合宪性审查，将法律同宪法相抵触问题解决在源头，确保法律的合宪性。

对于事先审查，八届全国人大常委会委员长乔石曾指出：“多年来，全国人大常委会坚持这一根本原则，较好地解决了某些法律草案中同宪法规定不一致的问题。今后在起草和审议法律草案时都要坚持这样做。”①1982 年“法律委员会”成立时规定“统一审议法律议案”，目的就是“维护法制的统一，避免各项法律互相矛盾，互不衔接”②。全国人大及其常委会对法律通过前的“合宪性审查”是一个必经阶段，可以有效保证所制定的法律符合宪法规定、宪法原则和宪法精神。因此，监督宪法实施的重点，是行政法规、地方性法规、自治条例、单行条例和部门规章等同宪法或者法律相抵触的问题。

## 四、让宪法精神深入人心

宪法学习宣传教育是实施宪法的重要基础，也是全面依法治

① 《十四大以来重要文献选编》（中），人民出版社 1997 年版，第 1606 页。

② 习仲勋：《关于四个法律案的说明》，《全国人民代表大会常务委员会公报》1982 年第 5 号。

习近平主席在人民大会堂进行宪法宣誓。（新华社记者　鞠鹏摄）

国、建设社会主义法治国家的重大事项。习近平总书记指出："宪法的根基在于人民发自内心的拥护，宪法的伟力在于人民出自真诚的信仰。"① 宪法只有深入人心，走入人民群众，才能真正成为全体人民的自觉行动。要弘扬宪法精神，增强宪法意识，在全社会营造尊崇宪法、学习宪法、遵守宪法、维护宪法、运用宪法的良好氛围。

① 习近平：《在首都各界纪念现行宪法公布施行30周年大会上的讲话》，人民出版社2012年版，第10页。

2018年3月17日上午，再次当选中华人民共和国主席、中华人民共和国中央军事委员会主席的习近平，左手抚按《宪法》，右手举拳，面向近3000名全国人大代表庄严宣誓，掌声响彻人民大会堂万人大礼堂。这是中华人民共和国历史上首次国家最高领导人宪法宣誓，也是宪法宣誓制度施行以来首次在全国人民代表大会全体会议上举行的宪法宣誓仪式。这神圣的一刻，定格成中华人民共和国的历史，融注到亿万人民的心间。

建立宪法宣誓制度，是党的十八届四中全会提出的重大法治举措。贯彻落实党中央决策部署，全国人大常委会于2015年6月作出《关于实行宪法宣誓制度的决定》，以立法形式正式确立我国宪法宣誓制度；2018年2月对这一决定作了修改完善，誓词由原来的70字增加到75字，并增加了与监察委员会有关的内容。2018年3月，十三届全国人大一次会议通过的宪法修正案，在“总纲”第二十七条增加一款：“国家工作人员就职时应当依照法律规定公开进行宪法宣誓。”自2014年在党的十八届四中全会决定中首次提出后，宪法宣誓制度在短短4年时间里从正式法律确立、修改完善到载入宪法，法律地位不断提高，在全国广泛实施，这从一个侧面反映出党中央尊崇宪法、依宪治国的坚定信念和决心。

## 延伸阅读 宪法宣誓的誓词

“我宣誓：忠于中华人民共和国宪法，维护宪法权威，履行法定职责，忠于祖国、忠于人民，恪尽职守、廉洁奉公，接受人民监督，为建设富强民主文明和谐美丽的社会主义现代化强国努力奋斗！”

宪法宣誓制度施行以来，中央和地方国家机关大多制定了具体组织办法，宣誓活动在全国上下广泛推行。全国人大常委会从2016年2月首次举行宪法宣誓仪式至2019年底，共举行22次宪法宣誓仪式，先后有百余人次参加。2016年9月，国务院在中南海首次举行宪法宣誓仪式，组织新任命的38个组成部门、直属特设机构、直属机构、办事机构、直属事业单位的55名负责人庄严宣誓。2016年1月，最高人民法院举行首次宪法宣誓仪式，45名新任法官庄严宣誓。最高人民检察院首次新任检察官宪法宣誓仪式是在2014年12月党的十八届四中全会之后不久，180多名新任和新晋升检察官庄严宣誓。2018年3月23日，国家监察委员会揭牌并举行新任国家监察委员会副主任、委员宪法宣誓仪式。国徽高悬，熠熠生辉；宪法至上，深入人心。在这个肃穆而庄严的政治仪式上，国家工作人员面向宪法作出郑重承诺，深化了对人民赋予权力、对宪法法律的敬畏之心，增强了履职尽责的使命感责任感，强化了践行宪法、践行誓言的行动自觉。公开进行的宪法宣誓仪式，犹如一个大讲堂、一场宪法公开课，有利于弘扬宪法精神、增强宪法意识，教育和引导全体人民成为宪法的忠实崇尚者、自觉遵守者、坚定捍卫者。

设立国家宪法日，是党和国家推进宪法宣传教育机制化常态化的一项重大举措。2014年11月，十二届全国人大常委会第十一次会议审议通过《关于设立国家宪法日的决定》，以立法形式将12月4日设立为“国家宪法日”，规定国家通过多种形式开展宪法宣传教育活动。

### 延伸阅读　为什么宪法日是12月4日？

1982年12月4日，五届全国人大五次会议通过了现行的《中华人民共和国宪法》。1982 年宪法公布施行以来，每年 12 月 4 日全国各地都开展以学习宣传宪法和国家基本法律为重点的法制宣传活动，每 10 年都举行一次隆重的纪念活动，已经成为惯例。以立法形式设立国家宪法日，有利于在全社会加强宪法宣传教育，树立忠于宪法、遵守宪法、维护宪法的意识，进一步弘扬宪法精神、维护宪法权威、捍卫宪法尊严、保证宪法实施，推进法治中国建设。

在讨论设立宪法日的过程中，有的常委会组成人员建议，将国家宪法日的日期规定为 9 月 20 日，即 1954 年宪法通过的日期。法律委员会经研究认为，1954 年宪法是中华人民共和国第一部宪法，它的制定和施行在中国历史上具有非常重要的意义。但是，考虑到设立国家宪法日的目的，主要是为了宣传、贯彻、实施好现行宪法，将现行宪法通过并公布施行的日期即 12 月 4 日设立为国家宪法日，更具有现实意义。

截至 2019 年，我们已迎来 6 个国家宪法日，习近平总书记先后 3 次作出重要指示，对新形势下加强宪法宣传教育、维护宪法法律权威、全面贯彻实施宪法、更好发挥宪法作用，提出新任务新要求。2014 年在首个国家宪法日来临之际，习近平总书记指出，要以设立国家宪法日为契机，深入开展宪法宣传教育，大力弘扬宪法精神，切实增强宪法意识，推动全面贯彻实施宪法。2016 年在第三个国家宪法日到来之际，习近平总书记对“五四宪法”历史资料陈列馆作出重要指示，充分肯定其设立的重大意义，要求他们为普及宪法知识、增强宪法意识、弘扬宪法精神、推动宪法实施作出贡献。2018 年 12 月 4 日既是第五个国家宪法日，也是新的宪法修正案颁布施行后第一个宪法日，习近平总书记再次作出重要指示，强调党领导人民制定和完善宪法，就是要发挥宪法在治国理政中的重要作用。习近平总书记的3次重要指示，体现了党中央维护宪法尊严、推动宪法实施，提升依宪治国、依法治国水平的坚定决心。

自设立国家宪法日以来，每年12月4日前后，各地都积极开展形式多样的主题宣传教育活动，推动宪法法律进企业、进乡村、进机关、进学校、进社区、进军营、进社会组织，使宪法精神深入人心，以宪法精神凝心聚力。中央宣传部、全国人大常委会办公厅、司法部、教育部等，已连续6年在国家宪法日共同举办座谈会或者报告会，相关部门和方面的负责人、大中小学师生代表、法治宣传教育先进代表等参加会议并发言。

让宪法精神根植人心，让宪法精神薪火相传。2014年12月4日，全国各地40万所中小学校开展“宪法晨读”活动，朗诵宪法条文，

2016年12月2日，在国家宪法日即将到来之际，天津市岳阳道小学开展“宪法晨读”活动，同学们通过晨读了解宪法知识。（史淞予摄）

升国旗、唱国歌，感受宪法的崇高和尊严，从小培养对宪法的认同和尊重。2019 年秋天，全国所有中小学生使用新教材，在《道德与法治》课程中，专门设置法治教育专册，集中讲授我国宪法。这是将宪法教育纳入国民教育体系的又一重大举措，对于引导青少年从小掌握宪法知识，树立宪法意识、养成尊法守法习惯，具有十分重要的意义，必将产生深远影响。

2018 年第五个国家宪法日到来前夕，全国第一个“宪法宣传周”在内蒙古自治区呼和浩特市正式开启。当天全国各地 400 多个城市组织开展律师集体宣誓活动，近 10 万名律师进行集体宣誓，这在新中国历史上尚属首次。一些地方还制定出台了关于开展国家宪法日活动的决定、决议乃至地方性法规。

# 第四章

# 真实体现人民意愿的选举制度

选举人大代表是人民行使国家权力的重要方式，是人民当家作主的直接体现。我国的人大代表选举制度是党领导人民探索建立起来并不断完善发展的，符合中国国情和实际，能够保证人民充分行使民主权利，为国家机构依法产生和国家机构领导人员有序更替提供了制度保障。

## 一、人大代表选举制度的健全完善是社会主义民主政治发展的生动写照

### （一）开展普选需要一部规范和保障选举的法律

新中国的成立，让亿万人民翻身做了国家和社会的主人。进行民主选举、制定一部《选举法》，是当时一项重要而又紧迫的任务。1953 年 1 月 13 日，中央人民政府委员会第二十次会议通过关于召开全国人民代表大会及地方各级人民代表大会的决议，决定“召开由人民用普选方法产生的乡、县、省（市）各级人民代表大会，并在此基础上接着召开全国人民代表大会”；同时决定成立选举法起草委员会，起草《选举法》。

根据《共同纲领》有关实行普选的规定，选举法起草委员会研究新中国成立之初的实际情况，吸收苏联选举的经验，并征求各方面意见，形成《选举法（草案）》。毛泽东同志审阅草案后，表示“选举法名称及内容均好”。

1953 年 2 月 11 日，中央人民政府委员会第二十二次会议听取邓小平同志作的关于《选举法（草案）》的说明，并通过这部法律。3 月 1 日，毛泽东主席签署中央人民政府命令，公布实施《选举法》。这是新中国第一部《选举法》，规定了“一个真正民主的选举制度”，为民主选举提供了法律依据。

### （二）开展普选是实行人民代表大会制度的一个重要前提

历史的航道上总有一些重要的时间节点，让人们津津乐道、难以忘怀。1953 年 7 月至 1954 年 5 月，在全国范围内开展了基层人大代表的选举。当时全国有 6 亿人口，登记选民 3.23 亿人，占进行选举地区 18 周岁以上人口总数的 97.18%。参加投票选举的 2.78 亿人，共选出基层人大代表 566 万余名。到 1954 年 8 月，逐级召开了人民代表

1953 年 12 月，北京市西单区群众打腰鼓、扭秧歌，庆祝普选。（新华社发）

大会会议。在此基础上，由省、市人民代表大会，中央直辖少数民族行政单位以及军队单位和华侨等 45 个选举单位，选举产生了 1226 名第一届全国人民代表大会代表。这次选举，是中国历史上第一次规模空前的普选，是中国人民翻身做主人、行使当家作主权利的伟大历史事件，不仅为各级人民代表大会的成立奠定了基础，而且人民民主观念在群众当中生根发芽，为我国民主发展奠定了坚实基础。

### 延伸阅读 群众把人大代表选举的日子当作节日

1953 年下半年开始，广大人民群众张灯结彩、载歌载舞，庄严隆重地行使自己的选举权利。天津郊区郭庄子的女青年蒋宝珍，结婚时正赶上选举，她为了投票，等了两个小时才上花车。她说："结婚是大事，选举更是大事，结婚是喜事，选举更是喜事。"南京市一位刚生了孩子的妇女不能参加选举大会，就给孩子起名"选玉"作为纪念。广东省台山县归侨陈聪，参加完选举大会后兴奋地说："我活了 90 多岁，到过许多国家，从来没有见过这样民主的选举。"①

进入改革开放历史新时期，人民代表大会制度面临恢复和重建的重大任务，首要的就是健全选举制度。1979 年 7 月 1 日，五届全国人大二次会议审议通过新的《选举法》，即现行《选举法》。这部法律在继承 1953 年《选举法》确立的原则和主要内容的基础上，对人大代表选举制度作了重要改革和完善，主要包括：扩大直选的范围，将直接选举人大代表的范围扩大到县一级；明确每一个少数民族至少应

① 刘政：《人民代表大会制度的历史足迹》，中国民主法制出版社 2014 年版，第 40 页。

有一名全国人大代表；实行普遍的差额选举，要求选举一律采用无记名投票的方法。

## 延伸阅读　17张选民证的历史见证

17张选民证，张张崭新如初。这是北京市昌平区沙河镇94岁老人窦宇宏跨越半个世纪的珍藏。第一次选举，窦宇宏毕生难忘，那是1953年12月25日，街道干部提前十多天就上门发放选民证，当时证件上还是用繁体字记录选举人的姓名、年龄等事项。63年后的2016年11月15日，他再次在家人的搀扶下，参加了投票选举。窦宇宏与他珍藏的17张选民证，见证了新中国选举制度的历史。①

人大代表选举制度随着民主法治实践不断健全完善。全国人大及其常委会于1982年、1986年、1995年、2004年、2010年、2015年，先后6次对《选举法》进行修改和补充。这部法律成为人民民主完善发展的真实写照。

《选举法》的全面实施，充分保障和实现了公民的选举权和被选举权。从1979年到2018年，我国共进行了11次乡级人大代表直接选举、10次县级人大代表直接选举，参选率都在90%以上；进行了8次县级以上人大代表间接选举。最近的一次县乡两级人大换届选举从2016年上半年开始，至2017年12月底完成。从国家领导人到普通群众，全国9亿多选民参加选举，是世界上规模最大的基层民主选举。在此基础上，全国、省级、设区的市级的人大代表换届选举也顺利完成，共

① 参见潘旭等：《9亿张选票里的中国民主》，《人民日报（海外版）》2016年12月7日。

选出五级人大代表262.3万名，其中，全国人大代表2980名，省级人大代表2万名，设区的市级人大代表12.2万名，县级人大代表59.7万名，乡级人大代表188.1万名。民主选举的依法顺利开展，有力地保障了人民当家作主，巩固了党的执政地位，加强了国家政权建设。

2003年12月10日，胡锦涛同志来到中南海选区怀仁堂投票站

2003年12月10日，胡锦涛同志在北京市西城区中南海选区怀仁堂投票站投票，选举所在地的区人大代表。（新华社记者　兰红光摄）

投票，并在投票后接受了记者的采访。他说，今天我很高兴作为北京市西城区的一名选民，前来参加区人大代表的选举。刚才，我郑重地投下了自己的一票，履行了宪法赋予的民主权利。实行人民代表大会制度，人民通过选举产生自己的代表组成各级人民代表大会，行使当家作主的权利，这符合我国国情，符合中国最广大人民的根本利益。

## 二、人大代表选举实行普遍、平等、直接选举与间接选举相结合的原则

习近平总书记指出："在中国共产党领导的社会主义国家，一切权力属于人民，决不能依据地位、财富、关系分配政治权力！"① 我国人大代表选举制度从建立之初就确立了普遍、平等、直接选举与间接选举相结合的原则。这套制度安排符合中国国情和实际，保证和实现了人民当家作主，具有鲜明的先进性、真实性。

### （一）公民普遍享有选举权和被选举权

公民能否广泛地、平等地享有选举权利，是衡量一个国家或者地区选举制度民主与否的重要标志。我国《宪法》规定，中华人民共和国年满 18 周岁的公民，不分民族、种族、性别、职业、家庭出身、宗教信仰、教育程度、财产状况、居住期限，都有选举权和被选举权；但是依照法律被剥夺政治权利的人除外。这就是常说的"九个不分"。概括地讲，只要符合三个条件就享有选举权和被选举权：

① 《习近平关于社会主义政治建设论述摘编》，中央文献出版社 2017 年版，第 49 页。

（1）具有中华人民共和国国籍，即法律上确认的公民身份；（2）年满18周岁，即公民成年的标志；（3）未被剥夺政治权利。这一制度规定，有利于实现最大多数人民群众的选举权和被选举权。正因为如此，在我国，超过99%的年满18周岁的公民都享有选举权和被选举权，这是人民当家作主最重要、最直接的体现。

### 延伸阅读 西方实现“普选”经历了一个漫长的历史进程

西方许多国家的选举制度建立之初，就有财产、宗教、种族、性别等方面的种种限制，而且延续了较长时间。比如，美国南北战争后，南部一些州通过规定选民必须缴纳数量较大的人头税或必须通过规定的文化测验才能参加投票，来剥夺黑人的选举权。直到20世纪60年代，美国黑人的选举权才得到法律的正式确认，1964年美国通过《民权法案》废除了文化测验这一制度，即便这样，从法律权利变成现实权利也仍是一个极为曲折的过程。又如，第一次世界大战之前，只有新西兰、澳大利亚、芬兰和挪威4个国家的妇女享有投票权。直到1971年，瑞士的妇女才获得在全国性选举中的投票权，有的州对妇女在地方选举中的投票限制一直到1990年才取消。

我国的人大代表选举制度不仅明确了普遍、平等原则，而且从制度、物质方面予以切实保障。《选举法》明确规定，全国人民代表大会和地方各级人民代表大会的选举经费，列入财政预算，由国库开支。这就从制度上保证了贫穷不会成为行使选举权的障碍，可以说，我国的民主选举不仅是普遍的，而且是真实的。一些西方国家的选举，形式上是普遍、平等的，“一人一票”，但实质上是“金钱政治”，没有大量的金钱、人力、物力支持是难以参选的，更别说当选了。

延伸阅读 美国上演“金钱绑架选举”大戏

美国的选举历来是有钱人的游戏，总统选举和议员选举均耗费巨大。据相关机构统计，2016 年美国大选（包括总统选举和国会选举）一共花费超过 69 亿美元，而 2000 年这个数据只有 30 亿美元。16 年间 5 次大选，开销一届高过一届。从 1960 年到 2012 年的 14 届美国总统选举，除了 1976 年卡特当选外，绝大多数情况下都是筹钱多的候选人就会赢得当届选举。2016 年特朗普当选是第二次例外。

美国参议员和众议员的选举，当选者的竞选开支普遍在百万美元以上，有的甚至高达数千万美元。尤其引人注意的是，2010 年和 2014 年，美国联邦最高法院分别通过“联合公民诉联邦选举委员会案”和“麦卡钦诉联邦选举委员会案”两个案件的判决，废除了公民和企业政治献金的上限。这就为金钱进一步操纵选举大开方便之门，“选举跟着钱走”在美国变得越来越“理直气壮”。

### （二）人人平等、地区平等、民族平等

“人人相亲，人人平等，天下为公，是谓大同”，曾是无数中国人梦寐以求的理想。我国人大代表选举制度中对于平等性原则有一整套的制度设计，集中体现为“人人平等、地区平等、民族平等”。这是符合中国国情、独具中国特色的，是形式平等和实质平等的有机统一。

在人人平等方面，公民在选举中的地位平等，享有同等的选举

权，每一选民在一次选举中只有一个投票权。同时，为了保证各个方面都有相当数量的代表进入国家权力机关，更好反映人民意愿，在每次代表选举时，都会在法律规定的基础上对优化代表结构和保证工人、农民、知识分子和妇女代表数量等方面提出指导性意见，这是保证实质平等的重要体现。比如，在十三届全国人大代表中，妇女代表占代表总数的24.9%，创历史新高；一线工人、农民代表占15.7%，专业技术人员占20.57%，都比上一届有所提高；党政机关代表降低了0.95%。来自一线的人大代表数量增多，可以带来更多基层声音、更好反映群众诉求。

## 延伸阅读 2010年修改《选举法》实现城乡按相同比例选举人大代表

1953年《选举法》规定了选举的平等性原则，同时明确各级人大代表的产生都以一定人口的比例为基础，农村地区每一代表所代表的人口数8倍于城市地区每一代表所代表的人口数。1954年3月23日，毛泽东同志在宪法起草委员会第一次会议上就“城市代表多、农村代表少”这一制度设计的考虑作了说明，指出我们的选举也是过渡性质，我们的办法不那么彻底，因为是过渡时期。

随着我国经济社会快速发展，城乡人口结构比例从新中国成立初期的1∶9逐步发展成为2019年的6∶4。为适应城乡人口结构的变化，1979年《选举法》明确不同层级选举人大代表的城乡不同人口比例，在自治州、县、自治县为4∶1，在省、自治区为5∶1，在全国仍为8∶1。1982年修改《选举法》，规定县、自治县行政区域内，镇的人口特别多的，或者不属于县级以下人民政府领导的企业事业组织的职工人数在全县总人口中所占比例较大的，经省级人大常委会决定，农村每一代表与镇或者企业事业组织职工每一代表所代表的人口数之比可以小于 4∶1 直至 1∶1。1995 年修改《选举法》，将这一比例统一修改为 4∶1。2010 年修改《选举法》，从制度上实现了城乡按相同人口比例选举人大代表。

## 延伸阅读　首位当选全国人大代表的农民工

2008 年 1 月 21 日，广东省十一届人大一次会议选举产生 160 名全国人大代表，其中，胡小燕成为首位当选全国人大代表的农民工。

法新社就此报道说："她可能不太像一名政界人士，但她当选人大代表，是现代中国政治中一个具有历史性和象征意义的里程碑。"

2008 年 3 月 3 日，首次当选的三位农民工全国人大代表康厚明（左）、胡小燕（中）和朱雪芹（右）接受媒体采访。（新华社发）

胡小燕是亿万农民工群体中的一员。她从当选全国人大代表起，便不遗余力地充当这个庞大群体的“传声筒”和“扩音器”。5年间，胡小燕“白天上班，晚上履职”，共提交20项建议，从欠薪入罪到留守儿童教育，从医保转移到住房福利，从技能培训到工伤赔付，从子女就近入学到拓展农民工参政议政渠道……件件是农民工关心的问题。回顾这5年的经历，胡小燕说：“我很欣慰。我的20项建议，件件基本上都在落实。”

在地区平等方面，根据《选举法》规定，全国人大代表名额，由全国人大常委会根据各省（自治区、直辖市）的人口数，按照每一代表所代表的城乡人口数相同的原则，以及保证各地区、各民族、各方面都有适当数量代表的要求进行分配。也就是说，各省级行政区域不论人口多少，都应有相同的地区基本名额数（8名），以保障各地方在最高国家权力机关中有平等的参与权，保障和实现地区平等。

### 延伸阅读 全国人大代表数量最多与最少的省份

十三届全国人大代表中，人数最多的省份是山东省，有175名；其次是河南省，有172名。人数最少的是澳门特别行政区，有12名。此外，台湾省有13名，西藏自治区有19名，青海省有20名，宁夏回族自治区有21名。

在民族平等方面，我国民族众多、分布地区很广，为保障各少数民族的民主权利，《选举法》作出照顾性规定。这就是：选举全国人大代表，人口特少的民族，至少应有代表1人；有少数民族聚居的地方，每一聚居的少数民族都应有代表参加当地的人民代表大会。在十三届全国人大代表中，56个民族都有本民族的代表，少数民族代表的比例为14.7%，远高于少数民族占全国人口总数9%的比例。

**延伸阅读 我国人口特少民族也有全国人大代表**

生活在西藏的珞巴族只有2900多人，有1名全国人大代表。主要分布在黑龙江省和内蒙古自治区的鄂伦春族，共有近8200人，有2名全国人大代表，其中1名由黑龙江省人大选举产生，另1名由内蒙古自治区人大选举产生。

### （三）直接选举与间接选举相结合的原则

我国是一个有14亿人口、9亿多选民的大国，在人大代表选举中实行以直接选举为基础、直接选举与间接选举相结合的原则。直接选举就是将代表名额分配到选区，由选民以选区为单位直接投票选举产生代表。间接选举就是将代表名额分配到选举单位，由选举单位召开会议选举产生代表。

在我国262.3万名各级人大代表中，由直接选举产生的县乡两级人大代表占总数的94%，这都是一人一票选出来的，其民主性自不待言。西方国家的选举制度也是立足各国历史文化传承、国情和实际发展出来的复杂体系，不能简单地用全民直选一言以蔽之。比如，美国总统选举采用选举人团的间接选举制度，小布什和特朗普赢得的总统选举，一定程度上是反民主的。他们的竞争对手戈尔和希拉里实际上得到了更多选民的选票，但是按照选举人票“赢者通吃”原则，小

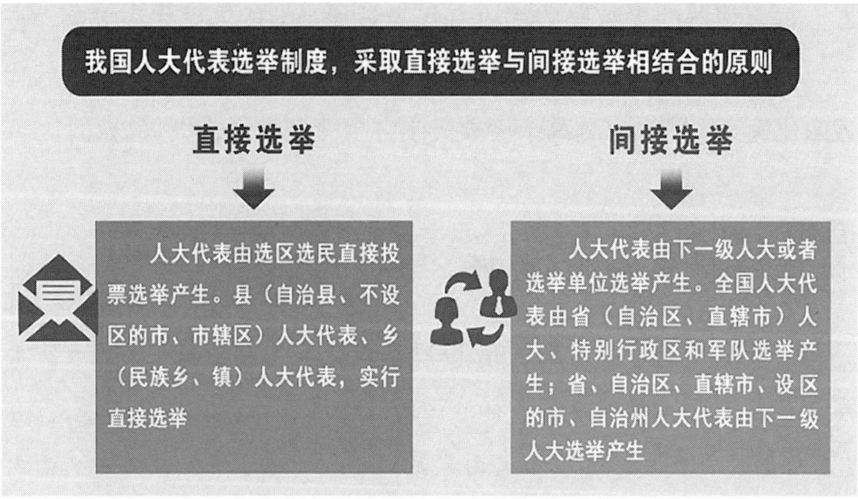


我国人大代表的选举原则

布什和特朗普得到了更多选举人的选票。由此可见，把实行“普遍直选”作为判断民主政治优劣的唯一标准，是片面的、偏颇的，也是不符合实际的。

## 延伸阅读 五级人大代表的产生方式

根据宪法和法律规定，五级人大代表的产生方式是：(1) 全国人民代表大会由省、自治区、直辖市、特别行政区和军队选出的代表组成；(2) 全国人大代表，以及省、自治区、直辖市、设区的市、自治州的人大代表由下一级的人民代表大会选举；(3) 县、自治县、不设区的市、市辖区、乡、民族乡、镇的人大代表由选民直接选举。其中，全国人大代表中的军队代表，以及省、自治区、直辖市、设区的市、自治州的人大代表中的军队代表，都是由军人代表大会选举产生。香港、澳门特别行政区的全国人大代表分别由香港特别行政区、澳门特别行政区成立的选举会议，直接选举产生。台湾地区的全国人大代表，由各省、自治区、直辖市和中央国家机关、中国人民解放军中的台湾省籍同胞组成的协商选举会议直接选举产生。

## 三、人大代表是怎样选举产生的

为了保障人民行使当家作主的权利，确保人大代表选举顺利进行、选举结果真实有效，《选举法》规定了一系列旨在保障选民和人大代表自由行使选举权的制度措施。在各级人大代表选举的实践中，始终坚持党的领导，充分发扬民主，在各个环节步骤上不变通、不走样、不简化，真正实现人民的选举权利。

### （一）人大代表名额是法定的

各级人民代表大会由人大代表组成。我国国土辽阔，人口众多，人大代表数量少了，代表性会不够；人大代表数量多了，又不便于开会议事。因此，保持适当规模的人大代表数量至关重要。按照健全法制的要求，《选举法》逐步对各级人大代表名额加以规范，作出了明确规定。

**延伸阅读** 1953年《选举法》关于确定代表名额的两个原则

邓小平同志在《关于〈中华人民共和国全国人民代表大会及地方各级人民代表大会选举法（草案）〉的说明》中指出："对于各级人民代表大会代表的名额，我们是依据这样两个原则来拟定的，即：（一）它必须使各级人民代表大会是具有工作能力的国家政权机关，既便于召集会议，又便于讨论问题和解决问题；（二）它必须使各级人民代表大会与人民之间具有密切的联系，在人民代表大会中，既须有相当于社会各民主阶级地位和有相当于各民族或种族地位的代表，又须注意到代表的地区性，以便于随时反映各民族各阶级各地区的情况，并能随时将代表大会的决议迅速传达到各民族各阶级各地区的人民中去，把每个决议都变成为全体人民的实际行动。”①

关于全国人大代表的名额。全国人大代表的名额不超过 3000 人，名额的具体分配由全国人大常委会决定，这有一个发展演变的过程。1953 年《选举法》没有对全国人大代表的名额作具体规定。一届、二届全国人大代表为 1226 名，一个很重要的原因是当时会议举行地——中南海怀仁堂只能容纳这么多人。1959 年 9 月，北京人民大会堂竣工，大礼堂第一层设有座位 3501 个，第二层 3454 个，第三层 2517 个，总计可容纳近 1 万人。这就为增加代表名额创造了客观条件。之后，三届全国人大代表名额大幅增加，为 3040 人。五届全国人大代表数增加到 3497 名，这是全国人大代表人数最多的一届。1979 年《选举法》首次明确全国人大代表的名额不超过 3500 人。1986 年修改《选举法》，将全国人大代表的名额限定在 3000 人以内，这一规定延续至今。

### 延伸阅读　建设“人民大会堂”是毛泽东同志的夙愿

1945 年，在延安杨家岭中央大礼堂召开的党的七大上，毛泽东

① 《邓小平文集（一九四九——一九七四年）》（中卷），人民出版社 2014 年版，第 60 页。

同志环视这个只能容纳几百人的礼堂说，将来革命胜利了，一定要建一座能够容纳一万人开会的大礼堂，使党的领导人能够和群众一起共商国家大事。

新中国成立后，毛泽东同志在多个场合提出要建设万人大礼堂。1958年8月，中共中央作出指示，为庆祝新中国成立10周年，计划在北京建设一批包括万人大礼堂在内的国庆重大建筑工程，这些建筑必须在1959年国庆节时投入使用。

1959年9月9日凌晨，毛泽东同志来到建筑工地视察。北京市有关负责同志汇报建筑物的命名问题时，提到了几种方案，有的建议称“人民宫”，有的建议用“人民议事堂”，有的建议叫全国人民代表大会堂……最后，毛泽东同志说：“我看，就叫‘人民大会堂’吧，因为它是属于人民的！”

1959年9月28日，中华人民共和国成立10周年招待会在新落成的人民大会堂举行，毛泽东、刘少奇、周恩来等党和国家领导人参加。从此，人民大会堂肩负着时代的重托，担当起伟大的历史使命，成为我国政治、外交活动的重要场所，也是最高国家权力机关——全国人民代表大会举行会议的地方。

关于地方各级人大代表的名额。《选举法》对人大代表名额的确定机制有明确规定，从名额确定的原则来说，实行“基数加按人口增加数”，并且不得超过《选举法》所规定的名额上限。地方各级人大代表名额的基数是：省（区、市）的代表名额基数为350名，省（区）每15万人可以增加1名代表，直辖市每25000人可以增加1名代表；但是，代表总名额不得超过1000名。设区的市、自治州，不设区的市、市辖区、县、自治县的代表名额也有具体规定。

链接

**历届全国人大代表数量**

| 届数 | 一届 | 二届 | 三届 | 四届 | 五届 | 六届 | 七届 | 八届 | 九届 | 十届 | 十一届 | 十二届 | 十三届 |
|---|---|---|---|---|---|---|---|---|---|---|---|---|---|
| 代表数 | 1226 | 1226 | 3040 | 1226 | 3497 | 2978 | 2970 | 2978 | 2978 | 2979 | 2987 | 2987 | 2980 |

### （二）人大代表是按照法定程序选举出来的

要选举出人民满意的人大代表，选举程序的设计及运行非常关键。《宪法》和《选举法》等法律对人大代表的选举程序进行了规定。代表直接选举的程序包括：选区划分、选民登记、代表候选人的提名与确定、代表候选人的介绍、投票选举等。

关于选民登记。由选举机构对依法享有选举权的公民进行登记，确认其选民资格，这是人大代表选举中的重要程序，也是一项基础性工作。这些年来，在总结选举工作经验的基础上，我国不断简化选民登记手续，采用一次登记、选民资格长期有效的办法，实行通常所说的“三增三减”，这就是：(1) 每次选举前对上次选民登记以后新满18周岁的、被剥夺政治权利期满后恢复政治权利的选民，予以登记；(2) 对选民经登记后迁出原选区的，列入新迁入的选区的选民名单；(3) 对死亡的和依照法律被剥夺政治权利的人，从选民名单上除名。党的十八大以来，进一步采取措施，选民登记工作不断改进，有效防止了“错登、漏登、重登”现象。

为保障全国2亿多流动人口参选，选民户口所在地的选举机构要为流动人口委托他人投票或为他们开具选民资格证明提供便利，

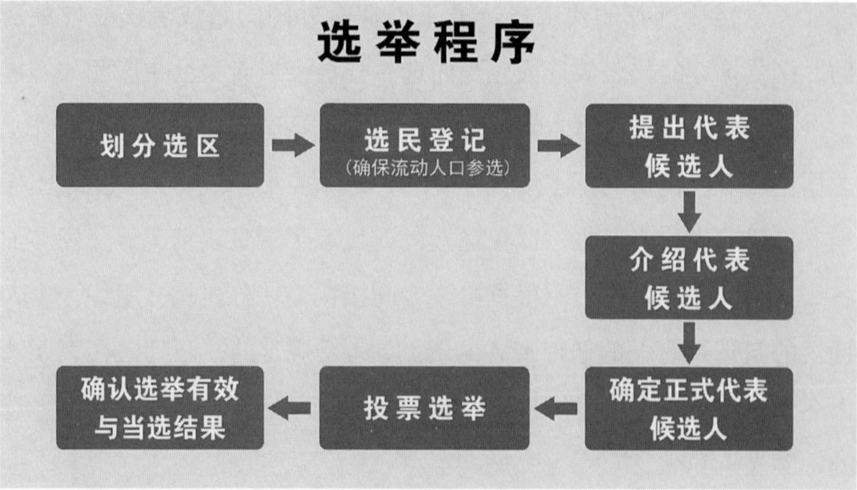


人大代表直接选举的程序

可以通过信函或者其他形式为他们在现居住地参加选举开具单独或集体选民资格证明；现居住地的选举机构也可以主动联系确认选民资格。

关于代表候选人的提名与确定。推荐、提名、确定代表候选人，是选举工作中一个十分重要的环节，是代表候选人的“入口关”。在直接选举中，代表候选人的提名方式有两种：一是各政党、各人民团体联合或单独推荐代表候选人；二是选区选民10人以上联名推荐代表候选人。所推荐的代表候选人人数，不得超过本选区应选代表的名额。在以往的实践中，曾出现过代表候选人的数量比较多的情况，因此，确定代表候选人是避免选票过于分散、保证选举顺利进行的重要内容。候选人正式名单由参加选举的选民或者代表反复酝酿讨论、民主协商，在必要时对于不能形成较为一致意见的，可以举行预选，根据较多数选民或代表的意见，优中选优、好中选好，确定正式代表候选人名单。

关于接受推荐的代表候选人不得拥有外国国籍或者接受境外资助。接受推荐的代表候选人应当向选举委员会或者大会主席团如实提供个人身份、简历等基本情况。个人身份包括国籍、是否拥有海外永久居留权等。提供的基本情况不实的，选举委员会或者大会主席团应当向选民或者代表通报，以保证选民或代表了解真实情况。公民参加各级人大代表的选举，不得直接或者间接接受境外机构、组织、个人提供的与选举有关的任何形式的资助；违反规定的，不列入代表候选人名单；已经列入代表候选人名单的，应当从名单中除名；已经当选的，其当选无效。

## 延伸阅读 具有外国国籍的河北省人大代表孙翔被罢免

2019 年 8 月 5 日，有媒体报道称河北省人大代表孙翔除中国国籍外，还拥有圣基茨和尼维斯联邦国籍。8 月 6 日，河北省唐山市十五届人大常委会第二十四次会议通过《唐山市人大常委会关于罢免孙翔的河北省第十三届人民代表大会代表职务的决议》。决议指出，根据《选举法》的有关规定，决定罢免孙翔的河北省第十三届人民代表大会代表职务。

关于代表候选人的介绍。我国人大代表选举不搞“竞选”，不搞“拉票”、“拜票”等活动，在制度上设计了对代表候选人进行集体介绍的环节，并确保介绍全面、准确，解决“选民不知道选了谁”的问题。介绍代表候选人依法在选举委员会的统一组织下进行，采取多种形式，让所有代表候选人展示自我。例如推荐者介绍，就是推荐者在推荐代表候选人时，向选举委员会介绍所推荐的代表候选人情况。又如选举委员会介绍，就是在选民讨论、协商代表候选人过程中，选举委员会积极、主动地向选民介绍代表候选人的情况。选举委员会组织代表候选人与选民见面，由代表候选人介绍本人的情况，回答选民的问题，让选民充分了解候选人。

### 延伸阅读　选民“面试”代表候选人

2011 年 11 月 2 日，石景山区选举委员会八角地区分会第三选区举行正式代表候选人与选民见面会。上午 9 时，在八角北里社区居委会近 400 平方米的多功能厅里，4 位正式代表候选人与数十位选民代表见面。这 4 位代表候选人谁胜选谁落选，完全由选民说了算。

北京市石景山区八角北里选区人大代表候选人与选民见面会。（新华社记者　李文摄）

关于投票选举。“珍惜民主权利，投好庄严一票”。我国县乡两级人大代表选举采用无记名投票的方法，凭身份证或者选民证领取选票。

在直接选举中，选民投票的场所通常有以下几种：(1) 投票站，这是最主要的投票场所；(2) 选举大会，选民居住比较集中的，可以召开选举大会进行选举，具体方式由选举委员会决定；(3) 流动票箱，选民因患有疾病等原因行动不便，或者选民居住分散并且交通不便的选民，可在流动票箱投票。

如何确定代表的当选呢？根据《选举法》规定，直接选举中实行“两个过半数”的当选规则，即：选区全体选民的过半数参加投票，选举有效；代表候选人获得过半数的选票，始得当选。在县级以上的地方各级人大选举上一级人大代表时，候选人获得全体代表过半数的选票始得当选。

人民当家作主，不是一个抽象的概念，而是真正体现在制度安排和选举实践中。选民或代表在提出代表候选人和选举代表的环节，可以自由选择自己认为满意的和认为必要的人，充分行使其选举权。同时，我国的人大代表选举制度具有浓厚的协商色彩，它本身是在实行协商基础上的选举。

### （三）审查当选代表资格

人大代表是国家权力机关的组成人员，必须保证选出的人大代表忠于国家和人民。无论是集中选出的人大代表还是补选的人大代表，都要进行资格审查。审查重任是由人大常委会代表资格审查委员会来承担的。

人大代表选举产生后，必须由代表资格审查委员会审查其当选资格是否有效，经本级人大或者人大常委会确认并正式公布之后，才具有正式资格。代表资格审查的目的就是要保证每位人大代表的产生符合法律规定和程序。

代表资格审查主要是审查选举的各个环节是否符合《选举法》的规定。具体来说，代表资格审查委员会所审查的内容为“三个是否”，这就是：当选代表是否符合宪法、法律规定的代表的基本条件，选举是否符合法律规定的程序，以及是否存在破坏选举和其他当选无效的违法行为。县级以上各级人大常委会或者乡镇人大主席团根据代表资格审查委员会提出的报告，确认代表的资格或者确定代表的当选无效，在每届人大第一次会议前公布代表名单。对补选产生的人大代表，也要依法进行资格审查。

延伸阅读 对全国人大代表资格进行审查的机构

全国人大常委会代表资格审查委员会，由主任委员、副主任委员和委员组成，其人选由委员长在常委会组成人员中提名，常委会会议通过。代表资格审查委员会的职责，就是审查新选出的下一届全国人大代表和补选的本届全国人大代表的资格是否有效，代表资格是否终止（包括辞职被接受、被罢免等情形）。

## 四、确保选举工作风清气正

习近平总书记强调，人大代表选举中发生的拉票贿选等违纪违法行为，是对我国人民代表大会制度的挑战，是对社会主义民主政治的挑战，是对党纪国法的挑战，触碰了我们党执政的底线。党的十八大以来，党中央依纪依法严肃查处了湖南衡阳破坏选举案、辽宁拉票贿选案等，维护了人民代表大会制度的权威和尊严。

贯彻党中央要求，全国人大常委会通过修改《选举法》、出台相关指导性文件等，从制度上严把代表候选人“入口关”、选举“组织关”和全过程“监督关”，确保选举工作风清气正、选举结果人民满意。

人大代表选举的整个过程，都要严格按照法律规定的内容和程序进行，不能怕麻烦、图省事。任何组织或个人都不得以任何方式干预选民或者代表自由行使选举权和被选举权。各级人大代表的选举应当依法接受监督，特别是破坏选举的行为必须受到法律的制裁，承担相应的法律责任。其中，违反治安管理的，依法给予治安管理处罚；构成犯罪的，依法追究刑事责任。国家工作人员有违反《选举法》行为的，还应当依法给予行政处分。

全国人大常委会主持全国人大代表的选举。省、自治区、直辖市、设区的市、自治州的人大常委会主持本级人大代表的选举。不设区的市、市辖区、县、自治县、乡、民族乡、镇设立选举委员会，主持本级人大代表的选举。主持选举的机构负责查处破坏选举的行为，在发现有破坏选举的行为或者收到对破坏选举行为的举报时，应当及时依法调查处理，必要时，可以请有关机关协助调查。经充分调查、收集事实材料后，应当及时提出认定结果，并予公布。发现相关人员违法违纪甚至构成犯罪的，应当及时移交有关机关处理。

## 延伸阅读 湖南衡阳破坏选举案

2012年12月28日至2013年1月3日，衡阳市召开十四届人大一次会议，从93名代表候选人中差额选举产生76名湖南省人大代表。会议期间，部分候选人为当选湖南省人大代表送钱拉票，造成对选举工作的严重破坏。经查：衡阳破坏选举案共有56名当选的湖南省人大代表存在送钱拉票行为，涉案金额达到1.1亿元人民币，有518名衡阳市人大代表收受钱物。根据案件事实和有关规定，涉案人员均受到严肃处理，对以贿赂手段当选的56名省人大代表依法确认当选无效并予以公告。

# 第五章

# 人大代表为人民依法履职

人民代表大会制度之所以具有强大生命力和显著优越性，关键在于它深深植根于人民之中。各级人大代表由民主选举产生，代表人民的利益和意志，依法参加行使国家权力。国家权力机关履职尽责是否到位，人民代表大会制度的功效能否得到充分发挥，都同人大代表依法履职、发挥作用密不可分。

## 一、人大代表的法律性质和地位

人大代表是国家权力机关的组成人员，是各级人民代表大会的主体。尊重代表主体地位，更好发挥代表作用，是人大工作保持生机和活力的重要基础，是支持和保证人民当家作主的必然要求。

### （一）当代表是很严肃的政治责任，是党和人民的重托

人大代表行使的是一种国家权力，是公权力。国家的一切权力属于人民，人民行使国家权力的机关是全国人民代表大会和地方各级人民代表大会。人民把自己的权力依法委托给自己选出的代表来行使。各级人大代表都是按照法律规定、经过严格的法律程序选举产生的。代表组成各级人民代表大会，代表人民行使管理国家的权力，讨论和决定国家的重大事项。

人大代表的职务是法定的，是义不容辞的政治责任。人大代表肩负着宪法和法律赋予的重要职责，肩负着党和人民的信任和重托。人大代表执行职务，要遵循宪法和法律的规定。涉及代表履职的法律，除了《宪法》以外，还有《选举法》、《代表法》、《全国人民代表大会组织法》、《地方组织法》、《全国人民代表大会议事规则》等，其中《代表法》是规范和保障代表履职的专门法律。人大代表执行职务受法律保护，同时这种职务也是法定的责任，是不能放弃的。

人大代表是代表人民利益的。人大代表作为人民的代表，既要反映选区选民或者选举单位的意见和要求，忠实代表人民利益和意志，更要自觉维护全局的、整体的利益。代表不得利用执行代表职务干涉具体司法案件或者插手招标投标等经济活动，谋取个人、小团体和特定关系人的利益。

### 延伸阅读 申纪兰：66 年守护一个初心

在太行山深处的山西省平顺县，有一个叫西沟的小山村，这是“共和国勋章”获得者申纪兰的家乡。申纪兰是唯一一位连任 13 届的全国人大代表。1952 年春，她带头动员和组织妇女参加农业合作社劳动，在全国率先实行“男女同工同酬”。她的事迹被人民日报记者写成《劳动就是解放，斗争才有地位》的文章发表，申纪兰也因此名扬全国，并当选为第一届全国人大代表。她倡导并推动“男女同工同酬”写入 1954 年宪法。

“当人大代表，就要代表人民，代表人民说话，代表人民办事。”申纪兰从 25 岁第一次当选人大代表起，到 2020 年 6 月病逝，她以一名农民代表的身份参与和见证了人民代表大会制度的发展历程。履职

66年，她共向全国人大提交议案和建议485条。在新中国成立70周年前夕，申纪兰获得“共和国勋章”，习近平总书记亲自给她颁奖。

1953年9月，申纪兰（左一）当选西沟乡人大代表。（新华社记者 项化庚摄）

### （二）人大代表要依法履职尽责

根据《宪法》和《代表法》规定，人大代表作为国家权力机关的组成人员，既享有与执行职务相适应的权利，又应当履行相应的义务。权利和义务犹如硬币的两面，缺一不可。

关于人大代表享有的权利。出席本级人大会议，参加审议各项议案、报告和其他议题，发表意见；依法联名提出议案、质询案、罢免案等；提出对各方面工作的建议、批评和意见；参加本级人大的各项选举、各项表决；获得依法执行代表职务所需的信息和各项保障等。

关于人大代表应当履行的义务。模范地遵守宪法和法律，保守国家秘密，协助宪法和法律实施；按时出席本级人大会议，认真审议各项议案、报告和其他议题，发表意见等；参加视察、专题调研、执法检查等履职活动；加强履职学习和调查研究；与人民群众保持密切联系，听取和反映他们的意见和要求；自觉遵守社会公德、廉洁自律、公道正派、勤勉尽责等。

由此可以看出，代表享有权利和履行义务都是法定的，也是协调统一的，享有的权利实质上是神圣的职责，不能只讲权利不讲义务，也不能只讲义务不讲权利。

**延伸阅读 《代表法》的制定和修改**

1992 年 4 月 3 日，七届全国人大五次会议审议通过的《代表法》，是规范和保障各级人大代表履行职责的专门法律，对于保证各级人大代表依法行使代表职权，履行代表义务，坚持和完善人民代表大会制度，发挥了重要作用。这部法律先后于 2009 年、2010 年、2015 年进行了 3 次修改完善，主要内容是进一步明确了代表的权利和义务，细化了闭会期间代表活动的方式，健全代表建议办理工作机制，强化了代表履职的保障和监督措施等，以更好地支持和保障代表依法行使职权。

### （三）我国的人大代表与西方议员有本质的不同

由于国家性质、政治制度和具体国情的不同，我国的人大代表与西方议员有本质的不同。

在中国这个人民当家作主的社会主义国家里，人大代表来自各个民族，分布在各个地方，工作在各个行业，但根本利益和目标任务是一致的，都是在中国共产党领导下，依法行使宪法法律赋予的职权，实现好、维护好、发展好最广大人民的根本利益。而西方国家议员是不同党派、阶级、利益集团的代表，他们经常为了各自局部利益相互争斗，有时还可能通过政治交易牺牲国家或公众的整体利益。

我国实行的是兼职代表制，人大代表有各自的生产、工作岗位，既要代表人民参加对国家事务的管理，又要在各自的岗位发挥模范带头作用。代表与群众须臾不可分割，人大代表生活在人民群众之中，同人民群众保持着密切联系，倾听群众呼声，深入了解民情，充分反映民意，广泛集中民智，通过依法行使职权，把党的主张和人民意志有机统一起来。西方许多国家实行的是专职议员制度，议员是一种职业，很多议员是职业政客，许多时候需要政治作秀，容易出现“选举时漫天许诺，选举后无人过问”的现象。

人大代表按照民主集中制原则执行职务，会议期间依法集体行使职权，按照多数人的意见作出决定；闭会期间则以集体活动为主，以代表小组活动为基本形式。各级人大常委会的办事机构是代表履职的集体参谋助手和服务保障班子，为代表依法履职提供各方面的服务和保障。西方议员在议会开会期间，出于党派纷争或者利益纠葛要进行各式各样的明争暗斗，议员本身要受所在议会党团或所代表选区利益集团或阶层的制约。议员个人一般有自己的助手和工作班子，有的还在选区设有办公室，为自己出谋划策，提供服务。

实践充分证明，我国的人大代表制度体现了国家一切权力属于人民，体现了我国社会主义国家性质，符合中国国情和实际，具有鲜明的中国特色，有利于保证人民当家作主，有利于凝聚全国各族人民的智慧和力量共同建设中国特色社会主义。

### 延伸阅读 中国的人大代表产生机制："选贤与能"

我国人大代表的产生机制，带着深厚的中华优秀传统文化基因，选的是"贤"和"能"，保证了兼具"贤"、"能"特点的优秀人才作为人大代表进入到国家权力机关中。

无论是全国人大代表还是地方各级人大代表，通过其来源和分布的广泛性保证了他们能更全面、更充分地代表全体人民的共同利益。更重要的是，我国人大代表的提名机制、产生机制保证了各行各业的优秀人才能够被选举出来进入人民代表大会中。各级人大代表都是各行各业的杰出代表，他们的"贤"与"能"，具有充分的民意基础，经过充分的实践检验。可以说，中国的各级人大代表，只有在各行各业干出业绩，才能被选出来，才会被选出来。当选人大代表，既是人民赋予的重托，也是人民给予的高度认可和巨大荣誉。

人大代表来自人民、服务人民，当选后仍然扎根于人民群众之中，不会成为西方式的职业政治家。"大道之行也，天下为公"。以代表和实现全民族利益、全体人民的根本利益为己任，是人大代表应有的政治素质和道德情怀，也是选任人大代表的重要标准。这种选拔与选举相结合的人大代表提名机制、产生制度，从根本上保证了人大代表具有"贤"与"能"的共同特点。

## 二、参加会议审议和表决、提出议案建议是人大代表履职的主要形式

参加人民代表大会会议，参与各项议题的审议和表决，提出议案

和建议，是代表人民行使国家权力的重要体现，必须恪尽职守、尽心尽责。

### （一）代表在人大会议上反映人民的心愿呼声、代表人民行使法定职权

代表在参加会议前，根据会议议程草案提前做准备，在视察、调研、征求意见的基础上准备审议发言和拟提出的议案建议。

认真审议各项议题。审议是人大代表对列入大会议程的各项议案和报告进行讨论研究，给予评价并提出修改完善的意见建议。人大代表积极参加包括大会全体会议、代表团全体会议、代表小组会议在内的各种会议的审议。在审议发言时围绕会议议题，遵守议事规则，提出真知灼见，目的是完善有关报告或者法律法规草案文本。审议议案和报告时，代表可以提出询问，有关国家机关派员到会听取意见、回答询问。

#### 延伸阅读　全国人大代表审议意见被采纳

2019 年 3 月，十三届全国人大二次会议期间，全国人大代表、安徽省淮北市人民医院副院长任千里在审议国务院《政府工作报告》时提出“加强罕见病用药保障”的建议。这 9 个字写进了大会会议审议批准的《政府工作报告》。在这次会议上，根据代表们的意见，《政府工作报告》共作了 83 处修改，最后获得高票通过。

依法参加投票表决。对列入大会议程的议案报告和选举决定事项等，经过审议后，采取投票或者按电子表决器等方式进行表决，集体

作出决定。会议表决议案报告时，代表按照大会事先通过的表决办法，以认真负责的态度进行表决，可以投赞成票，可以投反对票，也可以弃权，在选举时还可以另选他人。

2018 年 3 月 11 日，十三届全国人大一次会议在人民大会堂举行第三次全体会议，会上代表对宪法修正案草案进行投票表决。（新华社记者　饶爱民摄）

### （二）代表提出议案和建议，反映民情汇集民智

跑遍祖国的山山水水，走遍城乡的家家户户，一份份与人民群众生活息息相关的议案和建议，凝聚着人大代表的智慧和汗水，承载着人民群众的信赖与期盼。依法提出议案和建议，是人大代表的一项重要权利，也是执行代表职务的重要内容。“几经琢磨方成器”，人大代表通过提出高质量的议案建议，把人民群众的意见建议带到会上来，反映民情民意，表达民生诉求，汇聚百姓智慧。

人大代表依法提出议案。根据《全国人民代表大会组织法》的规定，一个代表团或者30名以上的代表，可以向全国人大提出属于全国人大职权范围内的议案。议案提出之后，由主席团决定是否列入大会议程，或者将议案先交有关的专门委员会审议、提出是否列入大会议程的意见，再决定是否列入大会议程。

## 延伸阅读 代表提出议案需要具备的4个条件

全国人大代表议案处理办法有明确规定，概括起来，形成一个议案要具备以下4个条件：(1) 从提出议案的主体来说，要具备提议案的法定资格或符合法定的代表联名人数。(2) 从议案的内容来说，必须属于本级人大职权范围内。(3) 从议案提出的时间来看，必须在大会主席团决定的代表提出议案的截止时间之前提出。(4) 从议案的形式来看，必须有案由、案据和方案。前面3个条件，是对议案的最基本要求，工作中习惯称为“硬件”。第4个条件属于“软件”，即形式要件。

## 延伸阅读 甘当百姓意见“挑夫”的“魏提案”

来自云南省西蒙县佤族山寨的魏红，是中国第一位佤族女警察、中国第一位佤族女县长。作为云南省人大代表的魏红认为自己是老百姓社情民意的“挑夫”。因为提案多，反映问题广泛，她在云南省得了一个外号叫“魏提案”。她的第一个建议就是为山地面积占95%的西蒙县修一条铺石子的公路，云南省很快帮助修好，这条“致富路”

如金色飘带蜿蜒于绿水青山之间。

十三届全国人大一次、二次、三次会议期间，全国人大代表分别依法向大会提出属于全国人大职权范围内的议案 325 件、491 件、506 件。大会秘书处向会议主席团提出的关于代表提出议案处理意见的报告中指出：对代表提出的议案逐件进行认真分析研究，认为其中没有需要列入大会议程的议案，建议将代表提出的议案分别交由全国人大有关专门委员会审议。通常情况下，当年 10 月份和 12 月份的两次全国人大常委会会议，安排听取审议全国人大有关专门委员会关于主席团交付审议的代表提出的议案审议结果的报告。

### 延伸阅读　从“提案”变为“议案”和“建议”

现在常说的代表议案和建议，在五届全国人大时还被统称为“提案”，“议案”这个名称是从 1983 年六届全国人大一次会议时才开始使用的。此前，由于人大代表提出的“提案”中大量都是对各方面工作的建议、批评和意见，往往不是属于人大职权范围内的事，而是应由政府等机关去处理的事，1982 年 12 月，五届全国人大五次会议通过的《全国人民代表大会组织法》，首次从法律上明确规定代表议案和代表建议，并规定了相应的处理程序。属于人大职权范围内的事，称作议案，由人大来处理；属于针对各方面工作的事，称作建议、批评和意见，交由有关机关和组织去处理。

人大代表依法提出建议。人大代表向本级人大或者常委会提出的对各方面工作的建议、批评和意见，通常简称为“代表建议”。代表提出的建议，由人大常委会的办事机构交由有关机关、组织研究处理并负责答复。

怎么办理代表建议呢？以全国人大为例，通常的做法是，在代表大会闭幕后一个月内，全国人大常委会办公厅召开代表建议交办会，向各承办单位统一交办大会期间代表提出的建议。各承办单位与代表面对面沟通、点对点联系，认真研究办理方案，力求做到办理一个建议，解决一个问题，推动一方面工作。做好重点督办建议的办理工作，是增强代表建议办理实效的一项重要举措。2005年以来，全国人大常委会办公厅每年都将一批代表反映比较集中、涉及人民群众切身利益的建议，交由有关部门重点研究办理，并由全国人大有关专门委员会负责督办。2019年重点督办的22项代表建议，涉及打好三大攻坚战、推动高质量发展、实施乡村振兴战略、保障和改善民生等方面。此外，对于全国人大常委会组成人员联系代表过程中提出和转交的建议，委员长与列席常委会会议的代表座谈时代表提出的建议，全国人大常委会办公厅也要及时转交有关方面研究办理。

### 延伸阅读　对人大代表提出的意见、建议的落实和反馈

十三届全国人大二次会议期间，全国人大代表共向大会提出意见、批评和建议（以下统称“建议”）8160件，由全国人大常委会办公厅统一交由193家承办单位研究办理，到2019年12月已全部办理完毕并答复代表，代表所提问题得到解决或计划逐步解决的占建议总数的71.28%。

在8160件代表建议中，代表通过专题调研、视察、座谈、走访

等形式形成的建议有5353件，占总数的65.6%；内容涉及多部门职能、需要多部门共同研究办理的有5651件，占总数的69.2%，比2018年增加667件，增长13.4%。在这些代表建议中，全国人大常委会确定了22项重点督办建议，涉及276件代表建议，交由国家发展改革委等17家单位牵头办理，全国人大7个专门委员会负责督办。有关专门委员会制定督办工作方案，通过召开督办工作座谈会、开展督办调研等方式，及时了解办理进展情况，加大督办力度。

十三届全国人大二次会议闭幕后，代表们依法提出的157件建议，交由92家承办单位研究办理。在常委会会议列席代表座谈会上，代表提出的涉及经济社会发展方面的建议共84条，交由102家承办单位研究办理。常委会组成人员在联系代表过程中提出和转交的代表建议共87条，交由105家承办单位研究办理。所有代表建议的交办和研究办理情况均逐一向提出建议的代表本人通报。

代表对各方面工作提出建议，是依法执行代表职务、反映人民群众意见的重要形式。各国家机关和有关方面认真研究办理代表建议，是尊重人民主体地位、支持代表依法履职的重要体现，也是自觉接受代表和人民监督的重要内容。国务院连续多年在全国两会前召开国务院常务会议，专题听取代表建议办理工作情况汇报，研究部署代表建议办理工作。2019年全国两会期间，国务院组织各部门负责同志和工作人员3000余人次到代表团听取意见，及时回应代表们提出的意见和建议。各国家机关和有关组织高度重视代表建议办理工作，把办理代表建议与转变作风、改进工作有机结合起来，充分发挥代表建议在推进科学决策、民主决策、依法决策中的重要作用。

## 延伸阅读 天津市人大代表刘智提出关于解决居民住房无产权证“老大难”问题的建议

天津市、天津市河西区两级人大代表刘智把河西区居民住房31年无产权证这一“老大难”问题作为代表建议提出，并多方调研奔走，天津市人大常委会积极协调，最终推动这一问题得到解决。为此，河西区天塔街天赋里48户居民集体给河西区人大代表履职服务中心赠送了一块牌匾，上书“人民与政府的桥梁”几个大字。

不仅如此，这一建议还引起了天津市委、市政府对同类历史遗留产权证办理难问题的重视。截至2019年8月底，天津市已先后为28万多户居民解决了这类产权证问题。栗战书委员长对此高度肯定：“群众利益无小事。近30万户居民房子住了几十年，最后人大代表通过提建议帮助解决了产权证的问题，这个例子很生动啊！”

## 三、人大代表是党和国家联系人民群众的桥梁和纽带

人大代表同广大人民群众工作生活在一起，对基层的情况最熟悉，对人民群众所思所需所盼最了解。人大代表如何充分发挥这些特点和优势？同人民群众保持血肉联系，认真倾听群众声音、反映群众意愿，既代表群众、做群众的“知心人”，又引导群众、当群众的“带头人”，努力成为党和国家与群众之间的纽带和“连心桥”，无疑就是最佳答案。

### （一）人大代表通过多种方式密切联系人民群众

人大代表在本级人大会议期间的工作和闭会期间的活动，都是执

行代表职务。代表在闭会期间的活动，是在会议期间参加审议讨论和投票表决的必要准备，是做好会议期间工作的重要基础。代表在闭会期间开展活动方式多样，例如代表小组活动、代表视察和专题调研、代表工作站、网上代表服务专区等，能够有效激发人大代表履职尽责的积极性、主动性、创造性。

代表小组活动。代表小组是人大代表在闭会期间执行代表职务的重要组织载体。代表在闭会期间的活动以集体活动为主，以代表小组活动为基本形式。县级以上的各级人大代表可以参加下级人大代表的代表小组活动。开展代表小组活动，主要是围绕党和国家工作大局，根据人大及其常委会中心工作，结合当地实际拟定活动计划，确定活动选题和内容。十三届全国人大代表小组共有 272 个。全国人大常委会办公厅和省级人大常委会全国人大代表联络工作机构采取多种方式，为代表小组活动提供服务保障。

代表视察和专题调研。这是代表知情知政、联系群众的重要渠道。代表视察分为集中视察和个人视察，方式不同但目的一样，都是为了朝下看、往下跑、向下钻，了解实情。县级以上的各级人大代表根据本级人大常委会的安排，可以对本级或者下级国家机关和有关单位的工作进行视察。乡镇人大代表根据本级人大主席团的安排，可以对本级人民政府和有关单位的工作进行视察。代表参加集中视察，可以提出约见本级或者下级有关国家机关负责人。被约见的负责人或者由他委托的负责人员应当听取代表的建议、批评和意见。经人大常委会联系安排后，代表可以持代表证就地进行视察。全国人大常委会办公厅每年还组织香港和澳门的全国人大代表到内地省份进行集中视察。近年来，根据统一安排，有的地方还组织全国人大代表进行跨行政区域视察，比如，2018 年上海、江苏、浙江、安徽三省一市的人大常委会就组织全国人大代表进行了集中视察。代表视察时，可以向被视察单位提出建议、批评和意见，但不直接处理问题。

### 延伸阅读 张治中委员建议全国人大代表视察

一届全国人大常委会成立之初，就把组织代表视察放在了重要位置来抓。1954 年 10 月，全国人大常委会委员张治中给刘少奇同志写信，建议每一位常委会委员都要出去视察。毛泽东同志看到这封信，很是赞赏，并提出把参加范围扩大到全国人大代表。1955 年 5 月 16 日，中共中央发出《关于人民代表到各地视察工作的通知》。毛泽东同志两次提出组织全国人大代表视察。5 月 18 日，一届全国人大常委会第十六次会议通过《关于全国人民代表大会代表出发视察工作问题的通知》。这是全国人大代表视察制度的肇始。

1955 年 8 月 6 日，一届全国人大常委会第二十次会议通过《关于全国人大代表和省、自治区、直辖市人大代表视察工作的决定》。这是第一个关于代表视察工作的正式文件，明确了代表视察的基本原则、组织安排、活动方式和经费保证，标志着代表视察制度建立并实施。

代表专题调研，是指代表根据安排，围绕经济社会发展和关系人民群众切身利益、社会普遍关注的重大问题，开展专题调研。实践中，全国人大常委会委托省级人大常委会，每年都组织全国人大代表开展为期一周左右的专题调研活动。专题调研的内容重在“专”、突出“精”，代表针对某一专项工作或者某一重大问题，聚力聚焦、深研深问，倾听一线声音，接触一手资料，做到心中有数，为提出高质量的代表议案、建议做准备。

### 延伸阅读　巨晓林代表调研户外高温作业者劳动保障

“福州当天的气温超过了35℃，地铁二号线工程工期很紧，不过下午的工作时间还是从1点推迟到了3点。”十二届全国人大代表、全国总工会兼职副主席巨晓林在接受媒体记者采访时如是说。

每年6月至9月是巨晓林最繁忙的时间。他所在的中国中铁电气化局集团每年都在这个时间段安排视察，察看全国各工地的劳动保障情况。巨晓林说，高温津贴发放情况、员工饮食卫生状况，以及员工工作住宿条件、淋浴设施等，都是他的调研范围。

代表工作站。被称为“人大代表之家”的代表工作站（也称代表工作室、代表联络站）是代表直接联系群众的重要平台，方便了代表“回家”、群众“进家”。这些年来，代表工作站建设全面铺开，许多地方实现了乡镇（街道）全覆盖，既解决了闭会期间群众不知道代表在哪里，如何反映诉求、监督代表的问题；又解决了人大代表闭会期间“有组织、无阵地，有活动、不经常”的问题。五级人大代表同时在代表工作站开展活动，搭建了联系群众的“直通车”，成为倾听民意的“顺风耳”、掌握民情的“千里眼”。

### 延伸阅读　人大代表“赶大集”的正定实践

正定县南牛乡传统集市路口，一张桌子面前人头攒动，不过这里并没有大声叫卖和讨价还价，而是期盼的眼神、诚恳的对话。原来，几位县乡人大代表正在集市接待群众，进行民意调查。代表“赶大集”

已经成为正定各级人大代表主动联系群众的“生物钟”。这个定点联系群众的“生物钟”，是习近平总书记当年在正定县工作时启动的。1984年3月，习近平在给正定县委、县人大等四大班子领导的信中写道：“到基层调查，要一下到底，亲自摸情况，直接听反映，寻找‘源头活水’。”除了代表“赶大集”，现如今，遍布正定城乡的“人大代表之家”和人大代表联络站，已经成为“摸情况”、“听反映”的新阵地。

### 延伸阅读 人大代表联络站24小时“不打烊”

在广东佛山，代表联络站24小时“不打烊”，选民想要找人大代表，只需到家门口的联络站（点），或者在家点点鼠标上网即可。近年来，佛山市各级人大及其常委会把代表联络站建在选民的家门口（社区或者行政村），紧盯选民的“关键小事”，助力解决“民生大事”。自2014年佛山市创建第一个代表联络站以来，现已建成站（点）565个，实现村居全覆盖、五级人大代表全覆盖。

### （二）各级国家机关密切联系人大代表

习近平总书记指出：“各级国家机关加强同人大代表的联系、加强同人民群众的联系，是实行人民代表大会制度的内在要求，是人民对自己选举和委派代表的基本要求。”① 人大代表是各级人民代表大会

① 习近平：《在庆祝全国人民代表大会成立六十周年大会上的讲话》，《十八大以来重要文献选编》（中），中央文献出版社2016年版，第58页。

的主体，各级人大常委会、政府、监察委员会、法院、检察院都由人民代表大会产生，对人大负责、受人大监督。密切联系人大代表、充分听取代表意见建议，是各级国家机关自觉接受监督、积极改进工作的重要体现，也是了解社情民意、回应群众关切的重要渠道。

人大代表参与常委会的工作，是代表履职的重要内容，是发挥代表作用的重要平台。全国人大常委会充分发挥人大代表来自人民、植根人民的特点和优势，实现联系代表、代表联系人民群众制度化规范化，畅通社情民意表达和反映渠道，拓展代表参与常委会、专门委员会工作的广度和深度，充分发挥代表作用。

应邀列席全国人大常委会会议。代表应邀列席常委会会议，可以对列入会议议程的各项议案和报告提出审议意见，也可以提出询问，只是没有表决权。十三届全国人大以来，一般每次常委会会议邀请50多名全国人大代表列席。讲真话、提意见，没有客套、直奔主题，代表们争先恐后发言，已经成为常委会会议一大亮点。

参加全国人大常委会执法检查活动。全国人大常委会开展执法检查时，一般都邀请部分代表参加，这些代表和常委会组成人员、有关专门委员会组成人员一起，共同组成执法检查组，检查法律实施情况。

**链接**

### 十三届全国人大常委会邀请代表参加执法检查的情况

2018年3月至2020年5月，十三届全国人大常委会开展12次执法检查，共邀请156名代表参加。

| 执法检查项目 | 地点 | 参加代表人数（人） |
| --- | --- | --- |
| 《统计法》 | 湖南、江苏、黑龙江等地 | 12 |
| 《大气污染防治法》 | 河南、内蒙古、山西等地 | 16 |
| 《传染病防治法》 | 云南、广东、新疆等地 | 14 |
| 《农产品质量安全法》 | 辽宁、青海、山东等地 | 12 |
| 《防震减灾法》 | 四川、湖北、江西等地 | 12 |
| 《海洋环境保护法》 | 海南、浙江、天津等地 | 16 |
| 《中小企业促进法》 | 浙江、湖北、河南等地 | 13 |
| 《水污染防治法》 | 四川、江苏、湖南等地 | 14 |
| 《就业促进法》 | 广东、云南、内蒙古等地 | 12 |
| 《高等教育法》 | 黑龙江、新疆、山西等地 | 7 |
| 《可再生能源法》 | 甘肃、江苏、内蒙古等地 | 12 |
| 《渔业法》 | 天津、辽宁、上海等地 | 16 |

参与全国人大常委会、全国人大专门委员会的其他工作。在制定立法规划和年度立法、监督工作计划时，认真研究代表议案和建议，将代表意见比较集中的突出问题作为确定立法和监督项目的重要依据。健全法律草案征求代表意见制度，提请代表大会审议的法律草案都提前印送全体代表征求意见，并委托各选举单位组织代表研读讨论；全国人大常委会审议的法律草案，邀请代表参与立法调研和论证评估等，认真听取代表的意见建议，充分发挥代表在立法工作中的作用。认真落实预算审查前听取人大代表和社会各界意见建议的机制，扩大代表对预算审查监督工作的参与，建立了预算审查联系代表制度。结合起草全国人大常委会工作报告，委托选举单位征求代表意见，并召开部分全国人大代表座谈会，专门听取代表对常委会工作和

报告起草的意见建议，等等。

建立健全全国人大常委会组成人员联系人大代表的制度。厚植民心，才能凝聚力量。为贯彻党的群众路线、推动常委会更加密切有效地联系人大代表，十二届全国人大常委会委员长会议先后审议通过《全国人大常委会委员长会议组成人员联系全国人大代表的意见》和《关于全国人大常委会委员联系全国人大代表的意见》。意见明确规定，每位委员长会议组成人员直接联系5名以上全国人大代表，每位常委会组成人员直接联系1至3名所在选举单位的全国人大代表，特别是基层代表和一线工人、农民代表。十三届全国人大常委会坚持和完善这一制度，委员长会议组成人员直接联系93名全国人大代表，常委会委员直接联系347名全国人大代表，还通过了《关于完善全国人大常委会组成人员联系全国人大代表机制的意见》。

建立与列席常委会会议的全国人大代表座谈机制。2018年8月，十三届全国人大常委会第五次会议期间，栗战书委员长主持召开部分全国人大代表座谈会，与代表面对面沟通交流，听取代表对人大工作、民主法治建设、经济社会发展等方面的意见建议。从此这作为一项机制确定下来，在常委会会议期间召开同列席会议的全国人大代表的座谈会，面对面听取代表意见建议。截至2019年底，已召开9次部分代表座谈会，同列席常委会会议的300余名代表进行了座谈。

参加人大代表履职学习。十三届全国人大常委会履职以来，共举办9期全国人大代表学习班，2期少数民族代表学习班，1期全国人大预算审查联系代表暨预算审查监督干部学习班，1期全国人大监察和司法工作培训班，共有3200余名代表参加。

2019 年 5 月 14 日，十三届全国人大第 7 期代表学习班，代表们围绕预算审查监督进行了专题学习。（中国人大网供图）

## 延伸阅读 全国人大代表侯艳梅的履职记录

侯艳梅是佳好佳（福建）生态环境科技有限公司的一名环卫工人，2018 年当选为十三届全国人大代表。一年多来，她参加各种调研、视察、学习培训班等 60 多次，领衔提出建议 5 条。她说："过去，我的关注点聚焦在环卫工人群体身上，经过这一年多的学习，我的视野拓宽了，思考也更深入，更多地关注来自各行各业的外来务工人员，希望帮助他们提高待遇、完善社会保障，更安心地在城市工作学习生活。"①

① 钟自炜：《全国人大代表侯艳梅：希望完善务工人员社会保障》，《人民日报》2019 年 11 月 14 日。

## 四、人大代表的履职保障与监督管理

### （一）人大代表的言论自由和人身自由受特殊保护

按照《宪法》和《代表法》的规定，人大代表在人大及其常委会的各种会议上的发言和表决不受法律追究。对代表给予特殊保护，是为了让代表能够自由充分地表达意见，“知无不言、言无不尽”，不必担心会因自己的言论和表决行为而被追究法律责任。

人大代表作为国家权力机关组成人员，人身自由不受侵犯，受特殊保护。根据《代表法》的规定，县级以上的各级人大代表，开会期间非经本级人民代表大会主席团许可，闭会期间非经本级人大常委会许可，不受逮捕或者刑事审判。如果因为是现行犯被拘留，执行拘留的机关应当立即向该级大会主席团或者常委会报告。对县级以上的各级人大代表，如果采取法律规定的其他限制人身自由的措施，应当经大会主席团或者常委会许可。乡镇人大代表，如果被逮捕、受刑事审判，或者被采取法律规定的其他限制人身自由的措施，执行机关应当立即报告。大会主席团或者常委会受理有关机关提请逮捕或者刑事审判等许可的申请时，应当审查是否存在对代表在人大各种会议上的发言和表决进行法律追究，或者对代表提出建议、批评和意见等其他执行职务行为打击报复的情形，并据此作出决定。

### （二）人大代表执行代表职务的时间和物质保障

人大代表执行代表职务的时间保障。人大代表要参加人民代表大会会议和其他有关会议，闭会期间要参加本级人大常委会或者乡镇人大主席团安排的一些活动，比如视察、专题调研、列席常委会或者专门委员会会议等，都需要给予时间保障。遇有这些活动，代表可以向本单位请假，本单位必须予以批准，不得拒绝。这也意味着，代表参加这些活动期间，本职工作所承担的任务应当相应免除、减少或者从时间安排上作出相应调整。代表个人安排的有关活动，比如持证视察、走访选民等，应尽量在业余时间进行，用业余时间去做。

人大代表执行代表职务的物质保障。我国的人大代表绝大多数是兼职的，担任人大代表并不脱离本职工作岗位，也不领取相应的薪金，这就产生了人大代表执行代表职务的物质保障问题。代表执行代表职务的活动属于政务活动，需要一定的物质条件为基础。代表执行代表职务，其所在单位按正常出勤对待，享受所在单位的工资和其他待遇。无固定工资收入的代表执行代表职务，根据实际情况由本级财政给予适当补贴。

代表的活动经费，应当列入本级财政预算予以保障，专款专用。这是国家为代表执行代表职务提供的物质上的保障。主要是各级财政要承担本级人大代表依法执行代表职务的各种费用，比如交通费、食宿费、会务费、资料费、误工补贴费等。代表活动经费专款专用，严格管理、严禁挪用。代表活动不接受企事业单位和个人的赞助。

### （三）加强人大代表思想作风建设

习近平总书记指出，当代表是很严肃的政治责任，是党和人民的嘱托，是要依法履职、为人民服务的。《代表法》对代表的权利和义务有明确规定，2016 年 1 月，党中央印发了关于加强和改进人大代表有关工作的文件。全国人大和地方各级人大认真落实中央文件要求和《代表法》规定，把加强代表思想政治作风建设、提高代表素质能力作为大事要事抓紧、抓实、抓好，依法加强对人大代表的管理和监督，鼓励和引导代表依法履职、扎实工作，“身入”更要“心至”。

实践中，人大常委会支持原选举单位依法加强对代表履职和活动的监督，建立代表履职档案或台账，督促代表依法执行职务，严守会议纪律，始终保持进取精神、务实作风和良好形象。代表们恪尽职守、不负重托，展现出为民代言、尽心履职的新气象新风貌，涌现出一大批务实亲民、担当作为的先进典型。

**延伸阅读** 广东省江门市蓬江区担任行政职务的人大代表向选民述职

2018年8月21日，广东省江门市蓬江区担任领导职务的23名人大代表回到原选区，向选民述职并接受选民代表的现场打分。其中，江门市蓬江区区长李欣立成为广东省首位以人大代表身份向选民述职的县区级党政领导。

李欣立以人大代表身份回到原选区，向40余名选民代表述职，并接受满意度测评。在无记名投票测评中，李欣立代表获得了42票满意、3票基本满意的结果。李欣立表示：“对于选民提出的批评意见，我会照单全收、认真整改。”①

### （四）代表的罢免、辞职与补选

健全代表对人民负责、受人民监督的制度和程序，是人民当家作

① 骆骁骅、任宣：《江门市蓬江区探索党政领导直选代表述职评议》，南方网，2019年12月8日。

主的题中之义。人大代表接受选民或者选举单位的监督，是国家一切权力属于人民的体现。《选举法》专章规定了对代表的监督和罢免、辞职、补选，明确全国和地方各级人大代表都要受选民或原选举单位的监督，选民或者选举单位都有权罢免自己选出的代表，明确对破坏选举的行为进行制裁。这些规定，为加强对代表的监督提供了强有力的法律保障。

罢免代表的程序和机制主要包括：罢免案的提出、被提出罢免的代表的申辩、罢免案的表决。罢免案通过后，该代表的常委会组成人员、专门委员会组成人员的职务相应撤销，并依法予以公告。

全国人大代表，省、自治区、直辖市、设区的市、自治州的人大代表，可以向选举他的人大常委会提出辞职；县级人大代表可以向本级人大常委会提出辞职；乡级人大代表可以向本级人大提出辞职。辞职应以书面形式提出。常委会接受辞职，须经常委会组成人员的过半数通过；乡级人大接受辞职，须经代表过半数通过。代表在任期内，因故出缺，由原选区或者原选举单位补选。地方各级人大代表在任期内调离或者迁出本行政区域的，其代表资格自行终止，缺额另行补选。

# 第六章

# 立法为了人民，依靠人民

治理一个国家、一个社会，关键是要立规矩、讲规矩、守规矩。法律是治国理政最大最重要的规矩。自从人类创制了法律制度，谁来立法、为谁立法，就成了一个永恒的话题。在当代中国，人民是立法的主体和力量源泉。从形式上看，立法的每一个环节，都倾听人民呼声，汲取人民智慧；从内容上看，每一项法律制度，都反映人民愿望，维护人民利益。立法还是人大协商体现最为充分的领域，协商民主贯穿于立法的方方面面。可以说，我国的立法是全过程民主最生动的实践，是形式民主和实质民主的有机统一。

## 一、人大及其常委会行使立法权，确保立法权牢牢掌握在人民手中

立法权是现代国家最重要的政治权力之一。在我国，全国人大及其常委会代表人民行使国家立法权，保证最重要的国家权力牢牢掌握在人民手中，实现法为民所立。同时，我们从国情和实际出发，建立起统一而又分层次的立法体制，形成并不断完善以宪法为核心的中国特色社会主义法律体系。

法律是国家制度和国家治理体系的重要组成部分，只能由全国人大及其常委会制定和修改。《立法法》明确了全国人大及其常委会

的专属立法权，列举了只能制定法律的 11 个方面的事项。这些事项，如果尚没有制定法律，全国人大及其常委会可以授权国务院根据实际需要，对其中的部分事项先制定行政法规，但是犯罪和刑罚、对公民政治权利的剥夺和限制人身自由的强制措施和处罚、司法制度等事项，只能由法律规定。

### 延伸阅读 全国人大及其常委会的专属立法权

专属立法权，是指特定事项只能由法律作出规定。根据《立法法》规定，国家主权的事项，各级人民代表大会、人民政府、人民法院、人民检察院的产生、组织和职权，民族区域自治制度、特别行政区制度、基层群众自治制度，犯罪和刑罚，对公民政治权利的剥夺、限制人身自由的强制措施和处罚，税种的设立、税率的确定和税收征收管理等税收基本制度，对非国有财产的征收、征用，民事基本制度，基本经济制度以及财政、海关、金融和外贸的基本制度，诉讼和仲裁制度等事项，只能制定法律。

纲举目张、立柱架梁。《宪法》和《立法法》对全国人大和全国人大常委会的立法职权作出了必要区分。其中，全国人大修改宪法，制定和修改刑事、民事、国家机构的和其他的基本法律，这些基本法律如同共和国法治大厦的“四梁八柱”。全国人大常委会解释宪法；制定和修改除应当由全国人大制定的法律以外的其他法律；在全国人大闭会期间，可以对全国人大制定的法律进行部分补充和修改，但不得同该法律的基本原则相抵触；解释法律。

## 延伸阅读 全国人大及其常委会行使国家立法权的制度发展

新中国成立初期，按照1954年宪法的规定，全国人民代表大会是行使国家立法权的唯一机关。由于全国人民代表大会一般一年只开一次会，会期较短，难以适应繁重的立法任务，为此，全国人大分别于1955年、1959年两次授权全国人大常委会制定单行法规，修改法律。1982年宪法明确规定，全国人大和全国人大常委会行使国家立法权。

在我国现行立法体制中，除全国人大及其常委会制定法律外，国务院制定行政法规，国家监察委员会制定监察法规，省级人大及其常委会、设区的市人大及其常委会可以制定地方性法规；国务院部门可以制定部门规章，省级和设区的市人民政府可以制定地方政府规章。法律、行政法规、监察法规、地方性法规、规章都是我国法的形式，这些不同法的形式的效力位阶不同。法律的效力高于行政法规、监察法规、地方性法规、规章；地方性法规的效力高于本级和下级地方政府规章。

发挥人大及其常委会在立法工作中的主导作用，是人大作为立法机关代表人民行使立法权的题中之义。过去在立法工作中，曾出现过部门化倾向、争权诿责的现象，有的立法实际上成了一种部门利益博弈，不是久拖不决，就是制定的法律法规不大管用。为了有效避免“国家权力部门化、部门权力利益化、部门利益法制化”等问题，需要人大在立法工作中发挥主导作用。

根据经济社会发展和改革开放需要，将哪些立法项目纳入立法规划、计划，先立哪些法、后立哪些法，把准立法方向、选对立法项目，确保有限的立法资源用在最需要的立法项目上，是人大发挥主导作用的重要方式。全国人大常委会一般于每届之初编制立法规划、每年年初制定年度立法工作计划，对立法工作作出统筹安排，增强计划性、针对性、指导性。同时，立法规划、计划也是开放的、动态的，没有列入立法规划和计划的立法项目，根据实际需要，也可以适时启动立法程序。十三届全国人大常委会立法规划中，一类项目有 69 件，二类项目有 47 件。全国人大常委会及时召开立法工作会议、全国地方立法工作座谈会，对落实立法规划、做好新时代立法工作作出安排部署。

### 延伸阅读 全国人大常委会从何时开始编制立法规划、计划和工作要点?

七届全国人大常委会加强了立法工作的计划性，从届中开始编制立法规划，1991 年出台的《全国人民代表大会常务委员会立法规划(1991 年 10 月—1993 年 3 月)》，是第一次出台以“立法规划”命名的立法工作部署文件。八届全国人大以来，每届任期第一年都编制本届常委会立法规划。截至目前，全国人大常委会已编制 7 个立法规划。1993 年出台的《关于今明两年立法工作的安排意见》，是全国人大常委会制定的第一个关于立法工作的计划。自 1995 年起全国人大常委会每年制定年度工作要点，对立法工作作出安排。自九届全国人大常委会开始，单独制定年度审议法律案计划，后来更名为年度立法工作计划。

法律草案由谁起草，一定程度上决定着法律的质量和立法的效率。过去较长一段时间，大部分法律草案都由行政部门负责起草，这就不可避免出现“借法扩权”的部门利益博弈现象。为了更好发挥立法机关在表达、平衡、调整社会利益方面的重要作用，有效防止和克服立法中的部门利益偏向，近年来，人大牵头起草的法律草案占比有所增多。2015年修改《立法法》时明确规定，综合性、全局性、基础性的重要法律草案，可以由全国人大有关的专门委员会或者常委会工作机构组织起草。对于政府有关部门、有关方面负责起草的法律草案，人大有关专门委员会或工作机构也主动提前参与，了解立法进展情况，做好审议准备。《民法总则》、《刑法修正案》、《行政诉讼法》、《环境保护法》等重要立法或修法项目，都是由全国人大有关机构负责起草的。

**延伸阅读** 七届全国人大以来由全国人大有关机构组织起草法律草案情况统计表[①]

| 届别 | 制定和修改法律总数（件次） | 全国人大有关机构起草数量（件次） | 占比（%） |
|---|---|---|---|
| 七届全国人大常委会 | 49 | 7 | 14.3 |
| 八届全国人大常委会 | 78 | 17 | 21.8 |
| 九届全国人大常委会 | 75 | 27 | 36.0 |
| 十届全国人大常委会 | 72 | 30 | 41.7 |
| 十一届全国人大常委会 | 65 | 32 | 49.2 |
| 十二届全国人大常委会 | 72 | 24 | 33.3 |
| 十三届全国人大以来（截至2019年底） | 37 | 14 | 37.8 |

① 宪法修正案未统计在内；全国人大有关机构和其他单位合作起草的法律草案，均统计在内。

审议法律案是立法程序中最重要的环节，其实质是充分发扬民主、集思广益、凝聚共识的过程。改革开放之初，立法实行一审制，也就是法律草案提请全国人大常委会会议单次审议即通过。由于有些法律草案起草和审议的时间比较仓促，存在审议不充分、质量不高的问题。1983 年，六届全国人大常委会在审议《海上交通安全法(草案)》时，有一条规定引起了激烈争论，导致草案未能在当次会议上交付表决。法律案提请常委会会议审议到底应安排多长时间？时任全国人大常委会委员长彭真说，为了把问题搞清楚，要多少天就多少天。自此，常委会开始实行两审制，这一做法也写入了 1987 年通过的《全国人民代表大会常务委员会议事规则》中。后来，随着立法日益走向深层次和专业化，审议难度逐渐加大，两次审议也逐渐难以就一些焦点难点问题达成共识，审议时间不足的问题再次凸显。

应时而变、合事而制。1998 年，九届全国人大常委会委员长会议决定常委会审议法律案，一般实行三审制。之后，《立法法》将三审制明确下来。目前，常委会审议法律案一般实行三审制；各方面意见比较一致的，可以经两次常委会会议审议后交付表决；调整事项比较单一或者部分修改的法律案，各方面的意见比较一致的，也可以经一次常委会会议审议即交付表决。

## 延伸阅读　为什么实行三审制？

1998 年 4 月 29 日，时任全国人大常委会委员长李鹏在九届全国人大常委会第二次会议闭幕会上的讲话中对此作了说明："一些委员反映，审议法律草案缺乏充裕的时间。有些法律案第一次会议听取说明，还来不及消化，就开始审议，第二次会议就要通过，显得有些仓促，影响立法质量。委员长会议讨论了大家的意见，决定今后审议法律草案一般要实行三审制：一审，听取提案人对法律草案的说明，进行初步审议；二审，在经过两个月或者更长的时间，委员们对法律草案进行充分的调查研究后，围绕法律草案的重点、难点和分歧意见，进行深入审议；三审，在专门委员会根据委员们的审议意见对法律草案进行修改并提出审议结果报告的基础上再作审议，如果意见不大，即付表决。实行三审制可以使审议工作做得更充分一些，有利于提高立法的质量和效率。”①

法律案以三审制为原则，但究竟需要审几次，则视具体情况而定。实践中，一部法律案审议次数超过三次的情况屡见不鲜。《物权法（草案）》历经 5 年 8 次审议，《劳动合同法（草案）》历经 5 年 5 次审议，《食品安全法》、《监督法》、《社会保险法》、《国家赔偿法》、《侵权责任法》、《基本医疗卫生与健康促进法》等法律案都审议了 4 次。

有的人认为，人大审议法律案就是走形式、走过场，这个看法是错误的。不管是人大专门委员会、常委会工作委员会直接组织起草的法律案，还是其他方面起草的法律案，人大都认真审议，发挥最后的把关作用，确保立法经得起实践、人民、历史的检验。从实践看，人大根据客观实际、审议意见和征求意见情况，对草案内容进行修改，有时甚至是较大幅度的修改。比如，2012 年 8 月，提请全国人大常

① 《李鹏委员长在九届全国人大常委会第二次会议上的讲话》，《中华人民共和国全国人民代表大会常务委员会公报》1998 年第 2 期。

委会初次审议的《特种设备安全法（草案）》只有 8 章 65 条，全国人大常委会对法律草案作了大幅度的补充完善，最后通过的《特种设备安全法》可谓“脱胎换骨”，条文从 65 条增加到了 101 条。

由全国人民代表大会审议通过重要法律，近 3000 名代表充分发表意见，可以最大限度地凝聚立法共识，彰显立法民主。自 2015 年起，全国人大常委会已连续 5 年提请全国人民代表大会审议重要法律案，包括 2015 年修改《立法法》，2016 年制定《慈善法》，2017 年制定《民法总则》，2018 年修改《宪法》和制定《监察法》，2019 年制定《外商投资法》，2020 年通过《民法典》。更好发挥全国人民代表大会的立法职能，已成为常态。

## 延伸阅读 制定《外商投资法》取代“外资三法”

1979 年 7 月 1 日，五届全国人大二次会议制定了《中外合资经营企业法》，开启了对外开放有法可依的历史进程，这也是对外国投资予以规范管理和提供法律保障的开始。1986 年和 1988 年，全国人大又先后制定了《外资企业法》和《中外合作经营企业法》。这三部法律，是对外开放的基础性法律，被称为“外资三法”。

党的十九大报告指出，要“推动形成全面开放新格局”。2018 年 12 月召开的中央经济工作会议进一步提出对外开放的新方向：“推动由商品和要素流动型开放向规则等制度型开放转变”。新时代的对外开放，需要新的外商投资领域的基础性法律，为未来几十年对外开放达到“更高水平”、“推动形成全面开放新格局”提供制度保障。十三届全国人大二次会议审议通过的《外商投资法》，作为新时代对外开放的新的外商投资基础性法律，取代了“外资三法”，目的是提高外资工作法治化水平。

## 二、通过立法维护国家安全，促进祖国和平统一

党和国家历来高度重视维护国家安全工作，始终把维护国家安全作为党和国家的一项基础性工作。新中国成立后，全国人大及其常委会制定了一系列维护国家安全的法律，对维护国家安全发挥了重要作用。党的十八大以来，为适应国家安全面临的新形势新任务，以习近平同志为核心的党中央提出总体国家安全观，强调全面维护各领域国家安全，对加强国家安全工作作出了重要部署，建立了集中统一、高效权威的国家安全领导体制。1993 年公布施行的《国家安全法》，主要规定的是国家安全机关履行的职责特别是反间谍工作方面的职责，范围过窄，难以适应全面维护各领域国家安全的需要。为此，2014 年全国人大常委会将这一法律修订后改名为《反间谍法》。在此基础上，2015 年制定了新的《国家安全法》。该法作为一部立足全局、统领国家安全各领域工作的综合性法律，为制定其他有关维护国家安全的法律提供了基础支撑。全国人大常委会还制定了《反恐怖主义法》、《网络安全法》等维护国家各个方面安全的法律，为维护我国国家安全提供了坚实的法律制度保障。

### 延伸阅读　数据安全和重要数据出境的安全评估制度

2015 年的《国家安全法》和 2016 年的《网络安全法》都强调维护“网络空间主权”和保护“关键基础设施和重要领域信息系统及数

据”的安全。

全球数据治理格局中国家之间的数据控制能力的强弱差异巨大。数据控制能力弱的国家，认可“数据主权”；数据控制能力强的国家，不担心数据被掠夺和利用，极力推动数据的无障碍跨境流动。数据本地化存储，是基于数据主权原则和态度：(1) 基于领土原则，存储服务器在一国领土上，该国对其有管辖权；(2) 基于国籍原则，存储的本国信息指向本国公民或居民，个人信息亦从属信息主体的国籍或居住地国籍。数据本地化原则，是领土原则与国籍原则在数据跨境流动中的延伸与重申。

《网络安全法》第三十一条规定，“国家对公共通信和信息服务、能源、交通、水利、金融、公共服务、电子政务等重要行业和领域，以及其他一旦遭到破坏、丧失功能或者数据泄露，可能严重危害国家安全、国计民生、公共利益的关键信息基础设施，在网络安全等级保护制度的基础上，实行重点保护”。第三十七条规定，“关键信息基础设施的运营者在中华人民共和国境内运营中收集和产生的个人信息和重要数据应当在境内存储。因业务需要，确需向境外提供的，应当按照国家网信部门会同国务院有关部门制定的办法进行安全评估”。此外，《国际刑事司法协助法》第四条建立了针对外国调取境内数据的防御性条款，规定“非经中华人民共和国主管机关同意，外国机构、组织和个人不得在中华人民共和国境内进行本法规定的刑事诉讼活动，中华人民共和国境内的机构、组织和个人不得向外国提供证据材料和本法规定的协助”。据此，外国司法机关调取中国境内的数据证据，非经中国主管机构的同意，任何机构、组织和个人不得提供。

世界上只有一个中国，大陆和台湾同属一个中国，中国的主权和领土完整不容分割。我国《宪法》明确规定：“台湾是中华人民共和国的神圣领土的一部分。完成统一祖国的大业是包括台湾同胞在内的全中国人民的神圣职责。”完成祖国统一是我们党和国家的三大历史任务之一。为了发展台湾海峡两岸关系，促进国家和平统一，党和国家进行了长期不懈的努力。但是，一个时期以来，台湾当局不断升级和加紧推行“台独”分裂活动。尤其是台湾当局妄图利用所谓“宪法”和“法律”形式，通过“公民投票”、“宪政改造”等方式，为实现“台独”分裂势力分裂国家的目标提供所谓“法理”支撑，改变大陆和台湾同属一个中国的事实，把台湾从中国分裂出去。事实表明，“台独”分裂势力分裂国家的活动，严重威胁着中国的主权和领土完整，严重破坏和平统一的前景，严重损害中华民族的根本利益，严重威胁着台海地区乃至亚太地区的和平稳定。因此，全国人大于 2005 年制定了《反分裂国家法》。

以和平方式实现国家统一，最符合海峡两岸同胞的根本利益。《反分裂国家法》紧紧围绕反对和遏制“台独”分裂势力分裂国家的活动、促进祖国和平统一这个主题，充分体现以最大的诚意、尽最大的努力争取和平统一的一贯主张，同时表明全中国人民维护国家主权和领土完整，绝不允许“台独”分裂势力以任何名义、任何方式把台湾从中国分裂出去的共同意志和坚定决心。维护国家主权和领土完整，是国家、民族的核心利益，是包括台湾同胞在内的全中国人民的共同义务。任何主权国家都不会容忍分裂国家的行为，都有权采取必要的方式捍卫国家主权和领土完整。

## 三、为人民立法，以完备的法制保障人民权益、增进人民福祉

为谁立法，决定着立法的性质、方向和效果。坚持人民主体地位，实现好维护好发展好最广大人民的根本利益始终是立法工作不变的价值追求。新中国成立70多年来特别是改革开放40多年来，经过各方面坚持不懈的共同努力，我国的立法事业结出了累累硕果。2011年1月24日，时任全国人大常委会委员长吴邦国郑重宣告：中国特色社会主义法律体系已经形成。这是我国社会主义民主法治建设史上的一个重要里程碑。随着经济社会发展，我国的法律体系也不断与时俱进、完善发展。截至2020年6月底，我国现行有效的法律277件，行政法规600多件，地方性法规1.2万件。

民法被称为社会生活的百科全书，是公民民事权利的宣言书和保障书。每个人的生老病死、衣食住行、经济交往等活动都离不开民法的规范和保护。1986年，《民法通则》诞生，明确了民法的调整对象、基本原则以及民事主体、民事行为、民事权利和民事责任制度。之后，随着经济社会的发展，《合同法》、《物权法》、《农村土地承包法》、《侵权责任法》等相继出台，使得公民的人身权、人格权、财产权得到全面保护。编纂一部真正属于中国人民的《民法典》，是新中国几代人的夙愿。2017年，十二届全国人大五次会议通过《民法总则》，完成《民法典》开篇之作，为《民法典》编纂打下坚实基础。2018年8月，常委会整体审议各分编草案，之后分单元多次进行审议，并对完整的《民法典》草案进行审议，先后7次公开征求意见。经过反复修改、精雕细琢，形成了总共7编1260条的《民法典（草案)》。其中，“人格权”独立成编，格外引人注目，体现了对公民人格尊严

的维护。2020年5月28日，十三届全国人大三次会议审议通过了《民法典》，这是新中国成立以来第一部以“法典”命名的法律，是新时代我国社会主义法治建设的重大成果，具有鲜明的中国特色、实践特色、时代特色。

## 延伸阅读 我国《民法典》编纂历史

新中国成立后，党和国家先后5次启动民法制定工作。第一次启动是1954年，经过两年多努力形成了《民法草案》，但由于政治运动，立法工作被迫中断。1962年，毛泽东同志针对法律虚无主义思潮，提出：“刑法需要制定，民法也需要制定，没有法律不行，现在是无法无天”。① 在这个背景下，开始了第二次民法起草工作，并于1964年7月形成《民法草案（试拟稿）》，但后来再次中断。1978年，邓小平同志提出：“应该集中力量制定刑法、民法、诉讼法和其他各种必要的法律”。②1979年11月，第三次民法起草工作启动。至1982年6月，形成了《民法草案（第四稿）》。当时认为，由于一次通过的难度大，可以对其中的各编视情况陆续审议制定。于是，民事立法采取“批发转零售”方式进行。2001年，九届全国人大常委会启动第四次《民法典》编纂工作，组织起草了《民法（草案）》，并于2002年12月进行了一次审议。经讨论和研究，仍确定继续采取分别制定单行法的办法，推进我国民事法律制度建设。《物权法》、《侵权责任法》、《涉外民事关系法律适用法》都是在这个基础上

① 《毛泽东年谱（一九四九——一九七六）》第五卷，中央文献出版社2013年版，第94页。

② 《邓小平文选》第二卷，人民出版社1994年版，第146页。

制定的。随着我国社会主义现代化事业不断发展和全面依法治国深入推进，人民群众对编纂和出台《民法典》寄予很大的期盼。2014年，党的十八届四中全会明确提出编纂《民法典》这一重大立法任务。在各方面共同努力下，经过5年多工作，《民法典》终于颁布实施。

惩治犯罪、保护人民是《刑法》的立法宗旨。目前，我国已制定一部统一的刑法典、10个刑法修正案以及关于惩治骗购外汇、逃汇和非法买卖外汇犯罪的决定，并通过了13个有关《刑法》规定的法律解释。《刑法》确立了罪刑法定、刑法面前人人平等、罪责刑相适应等基本原则。罪刑法定原则，即法律明文规定为犯罪行为的，依照法律定罪处刑；法律没有明文规定为犯罪行为的，不得定罪处刑。刑法面前人人平等原则，即对任何人犯罪，在适用法律上一律平等，不允许任何人有超越法律的特权。罪责刑相适应原则，即刑罚的轻重，应当与犯罪分子所犯罪行和承担的刑事责任相适应。慎刑、恤刑，尊重和保障人权，是刑事立法的重要理念。2011年《刑法修正案（八）》正式启动了我国逐步减少死刑罪名的进程，取消了13个经济性非暴力犯罪的死刑，完善了对未成年人和年满75周岁的老年人不适用死刑等从宽处理的法律规定。2015年《刑法修正案（九）》进一步取消了9个罪名的死刑。通过两次减少死刑，我国刑法死刑罪名减少了约1/3。目前，除贪污、受贿罪外，我国对经济性非暴力犯罪基本上不再保留死刑，死刑罪名基本上与国家安全、公共安全、人民生命安全相关。

《刑事诉讼法》就是解决通过什么样的方式、程序、时限查清犯罪事实和判处刑罚的法律。惩治犯罪与保障人权相结合，是《刑事诉讼法》的突出特点。现行《刑事诉讼法》制定于1979年，之后经过

1996 年、2012 年、2018 年三次修改。历次修改，保障人权的规定都不断完善、发展、丰富。《刑事诉讼法》将“尊重和保障人权，保护公民的人身权利、财产权利、民主权利和其他权利”作为该法的任务；明确规定“对于一切公民，在适用法律上一律平等”、“被告人有权获得辩护，人民法院有义务保证被告人获得辩护”、“未经人民法院依法判决，对任何人都不得确定有罪”。从认罪认罚从宽处理，严禁刑讯逼供和非法证据排除规则等制度不难看出，《刑事诉讼法》的发展完善是为了让公权力在阳光下运行，保障无罪的人不受刑事追究，防止冤假错案发生。

### 延伸阅读 从“搜集”到“收集”

“收集证据”是刑事诉讼法中的一个概念。1979 年制定《刑事诉讼法》时，草案最早用的是“搜集证据”。彭真同志在审查草案修改稿时，把“搜集证据”修改为“收集证据”；又对“证据”一词增写了前置词，改为“能够证实犯罪嫌疑人、被告人有罪或者无罪、犯罪情节轻重的各种证据”。为什么这么改？他解释说，因为“文化大革命”中往往先定框框再去搜集证据，“搜集”是主观的；“收集”是客观的，不是去制造，而是把客观事实“收集”起来，也不是只收集证明有罪或罪重的证据，而且要收集证明无罪或罪轻的证据。① 从“搜”到“收”，仅一字之改，却体现了尊重和保障人权的刑事诉讼理念。

过去，社会上曾流传过这样的话：“官告民，一告一个准，民告

① 参见《彭真传》第四卷，中央文献出版社 2012 年版，第 1355 页。

官没门。”《行政诉讼法》就是一部“民告官”的法律。1989 年制定的《行政诉讼法》，为人民群众维护合法权益、监督政府行政行为提供了至关重要的诉讼保障，是国家法治进步的体现。《行政诉讼法》明确规定，公民、法人或者其他组织认为行政机关和行政机关工作人员的行政行为侵犯其合法权益的，有权依法向人民法院提起诉讼。2014 年 11 月，修改后的《行政诉讼法》正式确立了行政机关负责人出庭应诉制度。

### 延伸阅读 村民状告省政府，副省长坐上被告席

2016 年 4 月 11 日，一起由村民不服贵州省人民政府驳回行政复议申请的行政诉讼案件，在贵州省贵阳市中级人民法院开庭审理。时任贵州省副省长陈鸣明作为行政机关负责人坐上被告席，这是我国省级政府负责人首次在行政诉讼中出庭应诉。

对待特殊群体的态度，既体现一个国家人权保护的程度，也体现社会文明的程度。通过立法保障特殊群体的合法权利，使他们能以平等的地位和均等的机会参与社会生活，是我国法律体系的一个重要特点。目前，我国已制定《残疾人保障法》，对残疾人的权益作出全面规定；制定《妇女权益保障法》，规定妇女在政治、经济、文化、社会和家庭生活等方面享有与男子平等的权利，并规定国家保护妇女的特殊权益；制定《未成年人保护法》，为维护未成年人的合法权益、促进未成年人德智体全面发展提供法律保障；制定《老年人权益保障法》，为保护老年人的合法权益和在全社会形成敬老、养老、助老的良好风尚提供法律依据。同时，我们根据经济社会发展需要，适时对这些法律作出修改，以更好保护他们的合法权利。

## 延伸阅读 电影《我不是药神》引发的法律回应

2018年7月，电影《我不是药神》上映，徐峥饰演的保健品店主在一群白血病患者的恳求下，成了某种印度仿制特效药的总代理商，由此卷入巨大的旋涡，使得法律和伦理不断碰撞。电影引发了广泛的社会关注。

之所以会出现法律问题，是因为原《药品管理法》第四十八条第二款规定，“有下列情形之一的药品，按假药论处：……（二）依照本法必须批准而未经批准生产、进口，或者依照本法必须检验而未经检验即销售的；……”2019年8月，十三届全国人大常委会第十二次会议对《药品管理法》进行了大幅修订，其中一处修订，就是回应社会关切，对进口国内未批的境外合法新药不再以“假药”论处，未经批准代购此类药品不再以“销售假药罪”论处，而是按照妨害药品管理秩序的行为予以处罚。

生态环境是最公平的公共产品，是最普惠的民生福祉。我国多年快速发展积累了大量的生态环境问题，各类环境污染呈高发态势，成为民生之患、民心之痛。立法就是要解决人民群众反映强烈的大气、水、土壤污染等突出生态环境问题。1979年通过的《环境保护法（试行）》是我国环保领域的第一部法律，也是基础性法律。2014年，全国人大常委会修改《环境保护法》，对违法排污又拒不改正的企业规定了“按日计罚”制度，引入环境公益诉讼制度，“史上最严厉”的《环境保护法》赢得人民群众交口称赞。从2013年开始，中国打响了最大规模的污染防治攻坚战。目前，现行有效的生态环境保护法律30余部，生态环境保护制度的“四梁八柱”，比如环境监测、环境影响评价、排污许可、总量控制和区域限批、联合防治、生态保护红线、政府责任、信息公开和公众参与等制度已经建立起来。这些法律制度，构筑起守卫蓝天碧水净土、保护人类共同家园的法治屏障。

延伸阅读 全国大气污染环境民事公益诉讼第一案

2012年《民事诉讼法》修改时增加的第五十五条建立了民事公益诉讼制度，特别是明确了环境民事公益诉讼。

中华环保联合会诉德州晶华集团振华有限公司（以下简称“振华公司”）环境民事公益诉讼一案，是首例针对大气污染提起的环境民事公益诉讼案件。振华公司是一家从事玻璃及玻璃深加工产品制造的企业，虽投入资金建设脱硫除尘设施，但仍有两个烟囱长期超标排放污染物，被环境保护行政主管部门多次处罚。为此，中华环保联合会提起诉讼，德州市中级人民法院于2015年3月24日受理此案。7月20日，依法公开作出一审宣判，判决被告振华公司赔偿因超标排放污染物造成的损失2198.36万元，用于德州市大气环境质量修复，并在省级以上媒体向社会公开赔礼道歉。

民以食为天，食以安为先。我国的食品安全问题一度十分突出，接二连三发生的食品安全事件引起人民群众广泛关注。2008年6月开始席卷全国的“三聚氰胺事件”，更是使食品安全成为街谈巷议的热点话题。当时，全国人大常委会正在审议《食品安全法（草案)》。如何构筑“食品安全防火墙”，保障人民群众根本利益，是当时的急事、大事、要事。针对“三聚氰胺事件”等食品安全重大事件暴露出来的问题，全国人大常委会对法律草案进行了全面修改完善，对食品添加剂的使用作出严格规定，建立食品安全风险监测与评估机制，大力加强食品安全监管工作，从源头上防范食品安全风险。2018 年全国人大常委会又全面修订《食品安全法》，以法治力量确保“舌尖上的安全”。

通过立法让人民群众共享改革发展成果，是立法为民的直接体现。《个人所得税法》的 7 次修改，对此作出了生动诠释。制定于 1980 年的《个人所得税法》，只有短短 15 条，迄今却已经过 1993 年、1999 年、2005 年、2007 年（2 次）、2011 年、2018 年 7 次修改。这么短的法律，修改却如此频繁，原因何在？从每次修改的内容，我们可以找出答案。历次修改涉及最多的条款就是个人所得税减除费用标准。这个标准从最初的每月 800 元先后提高到 1600 元、2000 元、3500 元，直到现在的每年 6 万元，并增加规定子女教育支出、继续教育支出、大病医疗支出、住房贷款利息和住房租金等与人民群众生活密切相关的专项附加扣除。这些修改，切实减轻了纳税人的税收负担，让人民群众得到了真金白银的实惠。特别是在 2011 年的修改中，在常委会会议期间举行的委员长会议综合分析各方面意见，提出将减除费用标准由原定的 3000 元再提高 500 元，达到 3500 元，征求国务院意见后，决定提请常委会会议表决。这次修改，工薪所得纳税人占全部工薪收入人群的比重，由修改前的 28%左右下降到 7.7%左右，纳税人数由 8400 万下降到 2400 万。2018 年修改后，有约 8000 万人的工薪所得依法不再缴纳个人所得税。

## 延伸阅读 千年税赋一朝免

“我是农民的儿子，祖上几代耕织辈辈纳税。今朝告别了田赋，我要代表农民铸鼎刻铭，告知后人，万代歌颂永世不忘。”河北灵寿县清莲村的农民王三妮将这段朴素真挚、饱含深情的铭文镌刻在告别田赋鼎上。一位普通农民用特殊的方式记录下中国法治进程中的重大事件。

农业税是一个历史悠久的税种。早在公元前594年，春秋时期的鲁国实行“初税亩”，农民种地就开始缴税了。1958年6月，全国人大常委会颁布了《农业税条例》。直到2005年，中国农民缴纳农业税这一“皇粮国税”的传统已经延续了2000多年。2005年12月，全国人大常委会通过《关于废止〈农业税条例〉的决定》，彻底终结了我国农民种地缴纳农业税的历史。

立法往往涉及各种复杂利益关系的调整，需要在矛盾的焦点上“砍一刀”。坚持为人民立法的立场，决定了这一刀砍在哪里、怎么砍。在《劳动合同法》的立法过程中，立法宗旨究竟是保护劳动者的合法权益，还是保护劳动者和用人单位双方的合法权益，也就是“单保护”还是“双保护”，是争论的焦点问题。当时，一种观点认为，《劳动合同法》应当“双保护”，因为劳动合同是在平等自愿、协商一致的基础上达成的，合同双方理应受到平等保护。而且，立法应当公平，如果只提保护劳动者的合法权益，就会偏重加大用人单位的责任，使劳动关系失去平衡。但是，多数意见认为，我国现实状况是劳动力相对过剩，相对用人单位而言，劳动者处于弱势，实践中侵害劳

2007 年 12 月 30 日，读者在新华书店查阅《中华人民共和国劳动合同法》。（新华社发）

动者合法权益的现象比较普遍，必须旗帜鲜明保护广大劳动者的合法权益。《劳动合同法》最终采纳倾向保护劳动者合法权益的观点，在“总则”第一条立法宗旨中明确规定保护劳动者的合法权益。

当人民群众的生命安全和身体健康受到威胁时，迅速启动立法程序，通过立法推动解决人民群众所急所需所盼，是立法机关的第一选择。2018 年 7 月，吉林长春长生公司问题疫苗案件震惊全国，激起了全社会对疫苗安全的高度关注，也引发了社会对疫苗乃至整个药品监管体制的忧虑。不到一年，也就是 2019 年 6 月 29 日，全国人大常委会即审议通过了《疫苗管理法》。这部法律从 2018 年 10 月开始起草，12 月进行一审，2019 年 4 月进行二审、6 月通过，创造了立法的“特快”速度。从标准最严谨到监管最严格，从处罚最严厉到问责最严肃，《疫苗管理法》的最大特点就是“严”。疫苗是国家战略性和公益性产品，法律制度越严，越是对公共健康负责，公众才能感受到法律的温度。《疫苗管理法》明确国家实行免疫规划制度，健全完善疫苗研制、生产、流通、预防接种等全过程、全方位监管体制，全面严格法律责任，严刑重罚，为坚决守住公共安全底线、维护人民生命安全和身体健康提供了有力法律武器。

英雄烈士事迹和精神是中华民族的共同历史记忆和社会主义核

心价值观的重要体现。前些年，历史虚无主义错误思潮和观点在社会上时有出现，有些人以“学术自由”、“还原历史”、“探究细节”等为名，通过网络、书刊等媒体歪曲历史特别是近现代历史，丑化、诋毁、贬损、质疑英雄烈士，造成恶劣社会影响，引起社会各界愤慨谴责。肆意诋毁、曲解英雄烈士事迹的恶劣行径，刺痛无数人的心，亵渎了为国家和民族献身的英烈。2017 年全国两会上，有 251 位全国人大代表、全国政协委员和一些群众来信提出，建议通过立法加强英雄烈士保护。2018 年 4 月 27 日，十三届全国人大常委会第二次会议通过《英雄烈士保护法》，明确规定，国家保护英雄烈士，对英雄烈士予以褒扬、纪念，加强对英雄烈士事迹和精神的宣传、教育，维护英雄烈士尊严和合法权益；全社会都应当崇尚、学习、捍卫英雄烈士。

### 延伸阅读 检察机关提起公益诉讼制度的建立

2014 年 10 月，党的十八届四中全会提出，要“探索建立检察机关提起公益诉讼制度”。2015 年 7 月 1 日，十二届全国人大常委会第十五次会议通过《关于授权最高人民检察院在部分地区开展公益诉讼试点工作的决定》，确定在 13 个省、自治区、直辖市开展试点。两年的公益诉讼试点工作授权期结束之际，全国人大常委会于 2017 年 6 月修订《行政诉讼法》和《民事诉讼法》，正式建立起检察机关提起公益诉讼制度。

2018 年 4 月通过的《英雄烈士保护法》第二十五条规定，检察机关可以对侵害英雄烈士的姓名、肖像、名誉、荣誉的行为，在英雄烈士没有近亲属或者近亲属不提起诉讼时，依法提起公益诉讼。2018

年4月通过的《人民陪审员法》也再次凸显了对公益诉讼的重视，第十六条规定，人民法院审判根据民事诉讼法、行政诉讼法提起的公益诉讼一审案件，必须由人民陪审员和法官组成七人合议庭进行。

## 四、坚持开门立法，确保立法体现人民意志

法不察民情而立之，则不威。立法权源于人民，对人民负责，受人民监督。现在，人民群众对立法的期盼，已经不是有没有，而是好不好、管用不管用、能不能解决实际问题。不是什么法都能治国，不是什么法都能治好国；越是强调法治，越是要提高立法质量。人民群众通过各种途径参与立法，既是人民当家作主、参与管理国家和社会事务的体现，也可以提高立法质量，使立法具有坚实的社会基础。

公布法律草案征求意见，是最便捷、最广泛的民主立法机制，它使得人人都能够直接参与立法。1954年宪法草案公开征求意见开创了新中国法律草案公开征求意见的先河。之后，20世纪80年代，公众参与立法的大门再次开启。从1982年到2000年，共有宪法和8部法律草案公开征求意见。这一时期，受征求意见期限、通信手段、宣传力度等多方面条件的制约，社会公众主要通过信件方式提出意见，参与的人数不多。2000年出台的《立法法》明确规定，可以将重要的法律草案公布征求意见，标志着公布法律草案征求意见进入规范化、制度化阶段。从2008年起，凡是全国人大常委会审议的法律草案，原则上都在中国人大网上公布，重要法律草案还要在中央主要新闻媒体上公布。2013年，在向社会公布法律草案初次审议稿的基础上，明确法律草案二次审议稿也要向社会全文公布，继续广泛征求各

方面意见和建议。2015 年修改后的《立法法》规定，列入常委会会议议程的法律案，应当在常委会会议后将法律草案及其起草、修改的说明等向社会公布，征求意见，时间一般不少于 30 日。这一串的时间节点，记录下广纳社情民意、大开立法之门的法治进程。“开门立法”的演进轨迹充分说明这扇门只会越开越大，这条路只会越走越宽广。

## 延伸阅读 法律草案公开征求意见若干个“第一次”

1954 年 6 月 14 日，中央人民政府委员会通过关于公布宪法草案的决议，是新中国成立以来首次就法律草案公开征求意见。1982 年宪法草案公开征求意见，是全国人大常委会第一次向社会公布法律草案征求意见。2001 年《婚姻法（修改草案）》公开征求意见，第一次收到公众通过互联网提出的意见。2005 年 7 月，《物权法（草案）》在中国人大网公布，是第一次通过互联网公布法律草案征求意见。2013 年 7 月，《环境保护法修正案（草案二次审议稿）》向社会公开征求意见，是首次就审议中的法律草案两次征求意见。

公布法律草案征求意见，打开了人民群众直接参与立法的大门，得到了人民群众的积极响应、热情参与。特别是那些关系群众切身利益的重要法律草案，社会公众参与的积极性十分高涨。2006 年，公布《劳动合同法（草案）》征求意见一个月，就收到各方面提出的意见 19.2 万条，这些意见的 65%来自基层劳动者。2012 年《劳动合同法修正案（草案）》公开征求意见，共有 13 万多人提出 55.7 万条意见，另收到来信 869 封，参与的人数与提出意见数量之多，在当时创下了公布法律草案征求意见工作开展以来的最高纪录。这些年来，征求意见超过 10 万条的法律草案还有：《民法典》草案 100 多万条（2016 年、2017 年、2018 年、2019 年、2020 年），《个人所得税法修正案（草案）》13.1 万条（2018 年），《刑法修正案（九）（草案二审稿）》11 万条（2015 年），《预算法修正案（草案二审稿）》33.1 万条（2012 年），《资产评估法（草案）》15.6 万条（2012 年），《个人所得税法修正案（草案）》23.8 万条（2011 年）。十一届全国人大期间，常委会先后向社会公布 48 件法律草案，共有 30 多万人次提出近 180 万条意见。十二届全国人大期间，常委会先后向社会公布法律草案 109 件次，共有近 41 万人提出 117 万条意见。

## 延伸阅读　一件用盲文写出的立法意见

2005 年 6 月，全国人大常委会将《物权法（草案）》向社会公开征求意见。在收到的众多意见中，一封布满密密麻麻“针眼”的来信引起了工作人员的注意。在残联的帮助下，工作人员得知这是山东滨州一位视障患者孙东的来信，他写道：“《物权法（草案）》公布后，在亲友的帮助下，我全文阅读了草案，认为有需要修改之处，现致信你们提出修改意见，希望予以重视。”信中一一列出了对野生动植物资源保护、不动产登记等方面的 15 条意见。《物权法（草案）》内容丰富，有 5 编、19 章、240 多条，普通人通读一遍，都需要很多时间和精力，而孙东作为一名视障患者，不仅用耳朵“读”完了草案，而且认真思考，提出了很多真知灼见。后来，人民日报、新华社对此进行专题报道，央视将此事列入“2005 年中国法治档案”。当时有媒体这样评论：“公布《物权法（草案）》，本身就是一次最好的普法，

2005年的公开立法、广开言路，使大家都当了一回立法者。”

征求意见的目的不是为了好看，不是“搞形式”、“走过场”，而是为了倾听民意、集中民智，最大限度确保立法的民意基础。为保证立法与现实需求合拍，与民众呼声同频共振，全国人大常委会建立了公众意见采纳情况反馈机制，避免“你说你的，我改我的”，积极回应社会关切。比如，《民法总则（草案）》曾先后三次通过网络向社会公开征求意见，总计有15264人提出了69386条意见。全国人大法律委员会逐条研究这些意见，对草案作出了150多处修改。同时，为使公众知晓意见对法律草案修改、完善所起的作用，全国人大常委会法制工作委员会选择社会关注度较高的法律草案，向社会公布征求意见的情况。2008年至今，共有《食品安全法》、《社会保险法》、《个人所得税法修正案》、《车船税法》等多部法律草案向社会公布了征求意见的情况。如果公众意见比较集中，但常委会又无法采纳时，则采取适当方式释疑解惑。比如，《车船税法（草案）》公开征求意见时，面对很多人要求修改草案、降低税负的情况，在公布征求意见结果的同时，举办了“《车船税法（草案）》征求公众意见的网络访谈”，针对群众反映最强烈、提得最多的几类问题，邀请税法专家作出分析、解释，引导公众理性思考。

## 延伸阅读 立法机关通过网络互动凝聚社会共识

2005年，中国人大网现场图文直播《物权法》立法情况新闻发布会，通过最真实、最具时效的方式，以立法公开凝聚社会共识。之后，开始对全国人民代表大会会议和常委会会议相关的各类会议，包括全体会议、代表团团组会议、专题询问、新闻发布会、记者会等进行同步的图文直播。2016 年起，直播中增加了现场视频。截至目前，中国人大网共完成各类会议直播 400 多场。

2006 年，中国人大网设立在线访谈栏目，与其他网站联合举办在线访谈。2014 年，组建了网络访谈室，就食品安全立法问题进行在线访谈，收到问题 300 余个，访谈点击量近 25 万次。公众通过中国人大网提出问题，表达对人大立法或监督等问题的看法，与立法者、专家学者在线交流，为公民参与人大工作提供了新渠道。

召开若干座谈会，广泛听取各方面意见，是每部法律出台前的“规定动作”。在立法中，座谈会是由法律案起草单位、审议机关或者审议机关的工作机构根据需要，邀请与法律案有关的机关、团体、企业事业单位和有关方面的专家，对法律案的内容进行座谈讨论、发表意见。2019 年制定《外商投资法》时，就听取了有关部门、地方、企业包括外国商会协会和外商投资企业的意见。《物权法》出台前，更是召开过 100 多次座谈会、论证会。

目前，立法正在向精细化、精准化、专业化方向发展。不断提高立法质量，让每一部法律成为精品，也需要借助“外脑”引入专业力量，而召开立法论证会就是一种有效形式。2002 年 9 月，《文物保护法（修订草案）》在历经三审但对有关重大问题仍然无法达成一致的背景下，全国人大常委会法制工作委员会组织召开了全国人大历史上首次立法论证会。围绕“馆藏文物如何管理利用”、“民间文物能否流通”两个争议焦点，应邀到会的文物专家、法律学者、行政机关工作人员等各方人士各抒己见。在求同存异的基础上，对法律草案作出调整，四审过后终于出台。

## 延伸阅读 处方药广告论证会

2015 年 4 月 24 日，十二届全国人大常委会第十四次会议通过了修订后的《广告法》。修订过程中，针对处方药能否在专业刊物上作广告的问题，专门举行了立法论证会。论证会邀请了来自药品生产企业、医师、药师、专业刊物、医院、中国药学会、中国医院协会、消费者协会、律师协会等方面的专业人士和一位医药行业的全国人大代表参加。

论证会上，各方意见你来我往，针锋相对。作为处方药广告最主要受众的医师、药师、医院及其协会，以及药企，主张允许处方药在专业刊物上作广告，理由是：专业刊物上的处方药广告是医师、药师了解药品信息特别是新药信息的主要渠道；专业刊物上的处方药广告不会影响医生合理用药，不会损害患者利益；允许处方药在专业刊物上作广告是我国实践中的一贯做法，也是国际通行做法，没有出现大的问题；专业刊物主要依靠其专业性、权威性赖以生存，广告收入占比并不高。反对方消费者协会主张禁止处方药在专业刊物上作广告，理由也很充分：处方药广告的目的是刺激销售，很难提供全面、客观的信息；医生了解药品信息的渠道很多，不一定依靠广告；允许处方药作广告，会提高药品成本，增加患者负担；专业刊物上的处方药广告也可能被患者看到，进而向医生提出用药要求，可能造成药物滥用，影响用药安全。

通过对双方论点、论据的认真研究，处方药可以在专业刊物上作广告的理由是有说服力的，但反对方的意见也必须充分重视。反复斟酌后，通过后的《广告法》第十五条第二款规定："前款规定以外的处方药，只能在国务院卫生行政部门和国务院药品监督管理部门共同指定的医学、药学专业刊物上作广告。”第十六条第二款规定：“药品广告的内容不得与国务院药品监督管理部门批准的说明书不一致，并应当显著标明禁忌、不良反应。处方药广告应当显著标明‘本广告仅供医学药学专业人士阅读’，非处方药广告应当显著标明‘请按药品说明书或者在药师指导下购买和使用’。”

兼听则明。法律案有关问题存在重大意见分歧或者涉及利益关系重大调整，需要进行听证的，应当召开听证会，听取有关基层和群体代表、部门、人民团体、专家、全国人大代表和社会有关方面的意见。

## 延伸阅读 全国人大常委会举行历史上首次立法听证会

2005年9月27日，来自不同行业、收入水平各异、带着各地口音的20名代表会聚北京，争相发表自己对个人所得税工薪所得减除费用标准问题的意见。这是全国人大历史上首次举行立法听证会。其中多数人主张，对1500元的减除费用标准再作适当提高，更有利于满足一部分实际负担较重的中低工薪收入者本人及其抚养人口的基本生活需要，更好地解决对这部分人的基本生活费用税前扣除不足问题；也可以更好地与改革发展和物价变动引起的基本生活费用增长趋势相适应。在全国人大常委会会议审议《个人所得税法修正案(草案)》时，听证报告作为会议参阅资料印发给了所有常委会组成人员。经审议通过的个人所得税法修改决定，将草案规定的工资、薪金所得每月1500元的减除费用标准提高为1600元。这次听证会被媒体誉为“个税改革一小步，民主进程一大步”。

2005 年 9 月 27 日，全国人大常委会在北京举行个人所得税工薪所得减除费用标准听证会。（中国人大网供图）

立法不同于制定一般的规则，必须以极为科学、严谨的态度对待。在法律即将出台前夕，邀请各方代表人士就法律条文的可行性、法律出台的时机、可能产生的社会影响、实施中可能出现的问题等进行评估，即法律出台前评估，既是民主立法的新形式，也是保证法律立得住、行得通、真管用的又一道“安全阀”。受邀参加评估的人员，先前都没有接触过法律草案，避免了先入为主，能够客观地作出评估，保证出台的法律符合实际，具有可执行性和可操作性。2013 年 4 月，在《旅游法（草案）》即将进入表决程序时，全国人大常委会法制工作委员会从旅游管理部门、旅行社、旅游法学者和普通游客中挑选、邀请了 10 名代表，召开了首次法律案通过前评估会。此后，又有多件法律案出台前开展了评估，这一制度也载入了《立法法》。

基层立法联系点是立法机关直接听取基层干部群众意见的“直通

车”。2015年7月，全国人大常委会法制工作委员会在上海虹桥、江西景德镇、湖北襄阳、甘肃临洮建立起4个基层立法联系点。截至2019年底，先后就65件次法律草案和全国人大常委会立法工作计划征求基层立法联系点意见，收到意见建议3000多条，不少意见在立法中得到采纳和吸收，科学立法、民主立法、依法立法的“根”越扎越深。2015年，在《反家庭暴力法（草案）》征求意见中，上海市虹桥街道基层立法联系点提出的“人身安全保护令的申请主体扩大到基层组织”建议被吸收采纳。联系点拉近了人民群众与立法机关的距离，一位在基层工作的全国人大代表如此评价：“立法的神秘感一下子被打破了，立法工作就在家门口，每个人都可以参与，这就是人民当家作主。”①

这些年来，全国人大常委会还出台了立法项目征集论证、立法重大利益调整论证咨询、争议较大的重要立法事项引入第三方评估等工作规范；创新多种“一竿子插到底”的调研方式，通过调研形成立法解决方案；等等。这一系列创新措施的落地，使立法更接地气、更聚民意、更集民智。“开门立法”引来的是良言真知、源头活水，成就的是法律接地气、立得住、真管用。

## 延伸阅读 立法暗访揭开“零负团费”迷雾

2013年4月的一个周末，旅游胜地江西景德镇来了几位“特殊的”游客。他们像普通游客一样找旅行社签了旅游合同，一边参观游览，一边同旅行社管理者、导游、司机、餐饮服务员聊天攀谈。这几位

① 王比学、魏哲哲：《基层立法联系点发挥大作用》，《人民日报》2019年10月31日。

“特殊的”游客，是全国人大常委会法制工作委员会的工作人员。他们没有和地方的任何部门打招呼，通过亲身暗访，摸清了“零负团费”的底细。不久之后，十二届全国人大常委会通过了任期内的第一部法律——《旅游法》。法律中规定的“旅行社组织、接待旅游者，不得指定具体购物场所，不得安排另行付费旅游项目”等内容，就是通过实地调查，在反复研究、征求各方面意见基础上得来的。

## 五、协商民主在立法工作中充分体现，多商量好商量，广泛凝聚共识

全国人大及其常委会制定的法律，在表决通过时，常常是高票通过，甚至有时是全票通过，有些人常对此存疑。其实，最根本的原因就在于将法律案交付表决之前，已经过了广泛的、充分的协商，找到了全社会意愿和要求的最大公约数，达成了共识。

人民通过选举、投票行使权利和人民内部各方面在重大决策之前进行充分协商，尽可能就共同性问题取得一致意见，是中国特色社会主义民主的两种重要形式。协商民主贯穿于人大履行职能的全过程，以立法体现得尤为明显。立什么法，制定立法规划、立法工作计划时，广泛听取了各方面的意见和建议。在法律草案起草环节，除专门的协调机制外，人大相关专门委员会、工作委员会与有关方面随时保持沟通协商。公布法律草案征求意见，立法论证、听证、评估机制，以及立法重大利益调整论证咨询等机制，保证了人大可以与方方面面开展沟通协商，充分听取吸纳各方面的意见建议。

无论是全国人民代表大会还是常委会审议法律案，全国人大代表和常委会组成人员都是知无不言、言无不尽，充分表达对法律草案所

有条款的不同意见，充分考虑中国人口众多、幅员辽阔、东西南北差异较大的现实特点，防止法律在面对现实问题时出现漏洞，有时会对一个条款甚至是个别文字用语进行反复讨论和推敲。全国人大宪法和法律委员会、全国人大常委会法制工作委员会对所有代表、常委会组成人员的意见逐条进行研究，充分吸纳，让法律草案达到最优状态。根据法律草案的审议情况，在全国人民代表大会审议法律草案时，由大会主席团决定是否提交大会表决；在全国人大常委会审议法律草案时，由委员长会议决定是否提交常委会表决。在各方面意见比较一致、达到对于法律条款表述的最大认同后提交表决，是全国人大及其常委会立法的重要程序特点。

## 六、从一部法律的出台看中国立法的全过程民主

许多人会好奇，一个关于立法的想法要提上议事日程，最终成为法律，需要经历怎样的立法过程？这里以《电子商务法》的出台为例，全景化地展现立法工作的过程。

第一步，把立法项目纳入立法规划或立法工作计划。《电子商务法》列入了十二届全国人大常委会立法规划，明确由全国人大财政经济委员会牵头组织起草，并列入 2016 年立法工作计划预备项目。将《电子商务法》纳入立法规划主要是因为社会迫切需要。近年来，我国电子商务发展迅猛，交易规模居全球首位，从业人员众多，从国内电商到跨境电商、从平台电商到社交电商，电子商务行业已成为商业模式多样、细分门类众多、技术创新活跃的崭新领域，亟须法律予以规范。许多全国人大代表也纷纷提出议案和建议，希望加快电子商务

立法。当然，列入立法规划或立法工作计划并不是启动立法的唯一途径。对于没有列入的立法项目，如果社会急需，也可以适时启动立法。

### 延伸阅读 九届全国人大三次会议第0001号议案

2000年3月，在九届全国人大三次会议上，上海代表团由张仲礼代表领衔提出了《关于制定电子商务法的议案》，这份议案被编为当年第0001号议案。该议案写道："全球信息化浪潮正迅猛推进，我国信息化建设事业已取得快速发展。随着国际互联网络的形成和发展，电子网络化趋势促使更快捷准确的交易形式——网络电子商务正在我国全面展开。面临这场变革人们生产生活方式的运动，亟须加紧制定电子商务法，为电子商务的发展创设适应的法律环境。"议案把电子商务立法应解决的问题归纳为10个方面，包括电子合同、电子支付、网络服务提供者责任、知识产权、数据信息、消费者保护、课税、安全与认证等。全国人大财政经济委员会在当年的议案办理中回复："尽快制定电子商务和网络信息安全的法律十分必要。建议加强这方面的研究，为电子商务立法做好前期准备，并建议全国人大常委会将电子商务立法适时列入立法规划。"对照18年后出台的电子商务法，张仲礼代表提出的许多重要内容都被写入了法律文本中。

第二步，起草法律草案。这是立法过程中一个必经的、非常重要的阶段。法律案起草的专业性、技术性很强，需要做大量的工作。

2013年12月，全国人大财政经济委员会牵头开展电子商务立法工作，组织成立了由国务院12个部门参加的电子商务法起草组，并广泛吸纳地方人大、院校专家、部分电商企业和行业协会，集众智、聚合力共同参与起草工作。起草组成立后，系统梳理电子商务现有法律法规，选定16个方面的重点课题，形成了30多份有分量、有深度的研究报告。在这个基础上，电子商务相关部门、地方人大、高校、电商企业、行业协会等密切合作，形成了4份电子商务法立法大纲和两个版本的草案建议稿。

草案建议稿整合形成草案初稿后，征求了国务院有关部门的意见，经反复研究修改，形成草案讨论稿。之后，将草案发到各省（自治区、直辖市）人大财政经济委员会，广泛听取当地有关部门、企业、专家特别是全国人大代表、地方人大代表的意见，并根据各地意见对草案进行修改完善。2016年7月19日，全国人大财政经济委员会召开全体会议，审议并原则通过草案。之后根据委员们的意见进行

2013年12月27日，全国人大财政经济委员会在人民大会堂召开电子商务法起草组成立暨第一次全体会议。（中国人大网供图）

了修改，征求了国务院各部门的意见，根据 61 个部门反馈的 188 条意见进行修改完善，采纳 139 条，并按照全国人大常委会法制工作委员会审核意见对重点问题进行了协调和修改，最终形成《电子商务法（草案）》。

起草过程中，无论是确定起草组构成，还是起草中的调研、征求意见、协调论证、反复修改，都体现出法律案起草本身就是汇集民意、表达民意的过程。

第三步，提出法律案。法律草案形成后，必须由法定的主体向全国人大或常委会提出法律案，才能进入正式立法程序。2016 年 12 月，全国人大财政经济委员会向全国人大常委会提出了关于制定《电子商务法》的议案。

第四步，审议和通过法律案。这是法律出台前的“最后一关”，这期间有大量基础性工作需要处理。《电子商务法（草案）》共经过了 4 次审议、3 次在中国人大网全文公布公开征求意见、1 次法律通过前评估。

2016 年 12 月，十二届全国人大常委会第二十五次会议对草案进行了初次审议。会后，全国人大常委会法制工作委员会将草案印发各省、自治区、直辖市、中央有关部门和部分企业、研究机构征求意见。2016 年 12 月 27 日至 2017 年 1 月 26 日，《电子商务法（草案）》在中国人大网全文公布，公开征求社会公众意见，共收到 194 人提出的 922 条意见。与此同时，全国人大法律委员会、常委会法制工作委员会还到广东、江苏等地进行调研，听取意见。

2017 年 10 月，十二届全国人大常委会第三十次会议对草案进行了再次审议。11 月 7 日至 26 日，草案二次审议稿公开征求意见，共收到 291 人提出的 692 条意见，来信 14 件。

2018年6月，十三届全国人大常委会第三次会议对草案进行了第三次审议。6月29日至7月28日，草案三次审议稿公开征求意见，共收到317人提出的1473条意见。

2018年8月16日，全国人大常委会法制工作委员会召开会议，邀请全国人大代表、专家学者、主要电商企业、行业协会、执法部门等方面的代表，就草案中主要制度规范的可行性、法律出台时机、法律实施的社会效果和可能出现的问题等进行评估。与会人员对草案总的评价是：《电子商务法（草案）》遵循保障权益、规范行为、维护秩序、促进发展的立法宗旨，坚持“鼓励创新、包容审慎”原则，主要制度充分考虑了电子商务发展实际和面临的突出问题，也为将来的发展留有充分的空间，具有较强的针对性、可行性和包容性。认为草案经过全国人大常委会三次审议修改，充分征求并吸收了各方面意见，达成了最大的社会共识，已经比较成熟，建议尽快审议通过。

2018年8月底，十三届全国人大常委会第五次会议对草案进行了第四次审议。会后，全国人大宪法和法律委员会根据审议意见再次对草案进行了修改完善。8月31日，全国人大常委会以167票赞成，1票反对，3票弃权，高票表决通过了《电子商务法》。

### 延伸阅读　法律草案重要条款的单独表决机制

党的十八届四中全会提出：“完善法律草案表决程序，对重要条款可以单独表决。”2015年的《立法法》修改中，建立了对审议中个别意见分歧较大的重要条款的单独表决制度。规定法律草案表决稿交付常委会会议表决前，委员长会议根据常委会会议审议的情况，可以决定将个别意见分歧较大的重要条款提请常委会会议单独表决。单独表决的条款经常委会会议表决后，委员长会议根据单独表决的情况，可以决定将法律草案表决稿交付表决，也可以决定暂不付表决，交法律委员会和有关的专门委员会进一步审议。

全国人大常委会历史上曾有过对法律草案单独一个条款进行表决的尝试。1989 年 10 月 31 日，七届全国人大常委会第十次会议在表决《城市居民委员会组织法（草案）》前，有的委员对草案中“居民委员会可以兴办便民利民的生产生活服务事业”的规定有不同意见，建议删去“生产”二字。会议就是否删去“生产”二字进行了表决。常委会组成人员实有 150 人，119 人出席会议。表决结果是：65 票赞成，0 票反对，6 票弃权，48 人未按表决器，这一表决未获通过。地方人大也有单独表决的实践。2014 年 11 月 26 日，广东省十二届人大常委会第十二次会议作出决定，对法规草案中个别重要条款可以单独表决。2015 年 1 月 13 日，广东省人大常委会对《广东省环境保护条例(修订草案表决稿)》第十九条进行单独表决,62 名组成人员投票，54 人赞成，8 人弃权，表决获得通过。紧接着，对于该修订草案表决稿进行表决，获得通过。按照规定，如果修订草案表决稿第十九条没有通过，可以删除该条款后对法规草案继续进行表决，或者暂不付表决，交法制委员会进一步审议。第十九条的内容是：“建立与行政区划适当分离的环境资源案件管辖制度，设立跨行政区划环境资源审判机构，审理跨行政区划环境污染案件。”

《电子商务法》制定过程中，常委会每一次审议结束后、下一次审议前，全国人大宪法和法律委员会均会召开会议，根据常委会组成人员的审议意见和各方面意见，对草案进行逐条审议并作出修改完善。全国人大财政经济委员会、中央网络安全和信息化委员会办公室、司法部、国家市场监督管理总局的有关负责同志均列席会议。法律不通过，修改完善不停止。每一次审议都充分吸收各方面的意见，都有重要的制度完善。

### 延伸阅读 《电子商务法（草案）》每一次审议都修改完善了什么内容？

草案二审稿对电子商务经营者特别是平台经营者的义务与责任作出补充完善，明确不需要进行工商登记的情形，完善电子商务合同订立、履行规范等。草案三审稿进一步明确电子商务经营者的范围，明确不需要办理市场主体登记的电子商务经营者的税务登记问题，明确电子商务经营者不得滥用市场支配地位，排除、限制竞争等。草案四审稿增加电子商务经营者从事经营活动应当履行环境保护义务，完善商品和服务交付的有关规定等。在草案第四次审议期间、提交表决前，还进一步强化电子商务经营者的环保义务以及快递物流服务提供者使用绿色包装的义务，对电子商务经营者向消费者发送广告的行为作出相应规定，完善电子商务平台经营者未履行资质资格审核义务和对消费者的安全保障义务的法律责任等。

第五步，公布法律。2018 年 8 月 31 日，习近平主席签署第七号主席令，公布《电子商务法》。历时 5 年的《电子商务法》立法工作，至此画上了圆满句号。社会各界高度评价《电子商务法》，认为这是一部支持、规范、创新和保障电子商务健康发展的促进法，是一部广大消费者、平台经营者、线上经营者合法权益的维护法，是一部市场秩序和公平竞争的保障法。

# 第七章

# 依法监督“一府一委两院”

权力不受制约和监督，必然导致滥用和腐败。人民代表大会制度的重要原则和制度设计的基本要求，就是任何国家机关及其工作人员的权力都要受到制约和监督。人大通过依法行使监督职权，监督“一府一委两院”的工作，保障各国家机关依法有效开展工作，确保人民赋予的权力真正用来为人民谋幸福。

## 一、人大监督是代表国家和人民进行的具有法律效力的监督

在我国的政权体系中，人民通过人民代表大会行使国家权力，各级人大都由民主选举产生，对人民负责，受人民监督。国家行政机关、监察机关、审判机关、检察机关都由人大产生，对人大负责，受人大监督。人大与其他国家机关之间，不是相互制衡的关系，而是产生与被产生、决定与执行、监督与被监督的关系。人大的监督，其实质是代表国家和人民进行的具有法律效力的监督，体现了国家一切权力属于人民的宪法原则。

我国已建立起一套完整的党和国家监督体系，包括党内监督、人大监督、民主监督、行政监督、司法监督、审计监督、社会监督、舆论监督等监督形式。其中，人大监督是党和国家监督体系的重要组成

部分，和其他各类监督各有侧重、互相贯通，共同构成党统一领导、全面覆盖、权威高效的监督体系。

人大监督什么？根据宪法和有关法律，人大监督法律的实施情况和“一府一委两院”的工作。人大监督的目的，是推动党中央决策部署贯彻落实，确保宪法法律全面有效实施，确保行政权、监察权、审判权、检察权得到正确行使，确保人民权益得到维护和实现。人大监督“一府一委两院”，不是“议一议”、“看一看”，更不是“找碴儿”、相互掣肘，而是帮助推进工作、解决问题。人大与行政机关、监察机关、审判机关、检察机关虽然职责分工不同，但目标是完全一致的，都是在党的领导下依法履行职责、协调一致开展工作。

### 延伸阅读 人大不开展“个案监督”

人大对“两院”工作的监督，应该体现在“类案”上，而不是“个案”。具体到个案，该不该逮捕、具体怎么判决，那是检察机关、审判机关依法独立行使职权的事情，不属于人大监督的范畴。人大常委会可以通过听取和审议“两院”专项工作报告、开展询问和质询等形式，督促司法机关解决审判工作、检察工作中人民群众反映强烈、带有共性的问题，比如执行难、量刑规范化等。当然，人大办事机构将人民来信来访反映的涉法涉诉问题，按照规定转交“两院”依法处理，作为启动“两院”内部监督的渠道是可以的，这不属于人大行使监督权，也不是“个案监督”。

人大怎么监督？必须始终坚持党的领导，把握监督工作正确的政治方向，坚决贯彻党的基本理论、基本路线、基本方略，推动党中央重大决策部署、国家法律得到贯彻落实，实行正确监督、有效监督。监督权作为宪法法律赋予人大及其常委会的法定职权，必须依照法定职责、限于法定范围、遵循法定程序行使。对国家机关而言，法定职权既是权力，更是责任。如果不监督，或者监督不严格、没有力度，那就是缺位和失职。人大要忠实履行监督职权，尽职尽责，但不能越俎代庖，代行行政权、监察权、审判权、检察权。

人大监督工作做得好不好，不在于形式多么热闹、摊子铺得有多大，关键要看有没有实实在在的成效。近年来，人大紧紧围绕党和国家工作大局，坚持问题导向，找准监督工作的着力点，用足用好法定监督形式，完善监督工作方式方法，加大跟踪监督问效力度，推动解决人大代表、人民群众普遍关心的突出问题，提升人民群众的获得感、幸福感、安全感。

《监督法》是规范人大常委会开展监督工作的基本法律，规定了人大常委会开展监督工作的 7 种法定形式。包括：听取和审议专项工作报告；审查和批准决算，听取和审议计划、预算执行情况报告和审计工作报告；组织执法检查；进行规范性文件备案审查；询问和质询；特定问题调查；撤职案的审议和决定。其中，前 4 种是经常性的监督形式，质询、特定问题调查、撤职这几种监督形式在实际工作中运用较少。

## 延伸阅读 “二十年磨一剑”——《监督法》的制定历程

《监督法》的制定工作，早在六届全国人大期间就开始酝酿研究。1988 年 3 月，全国人大常委会的工作报告中指出，制定监督工作条例对监督的内容和范围、监督的程序和方式作出更加明确的规定，使监督工作逐步制度化、规范化。同年7月通过的七届全国人大常委会工作要点提出，要制定有关监督方面的法律。1990年3月，党的十三届六中全会通过的《中共中央关于加强党同人民群众联系的决定》指出，建议全国人大常委会拟定实行工作监督和法律监督的监督法。七届、八届全国人大常委会先后三次组织专门班子起草。2002年8月，《监督法（草案)》提请九届全国人大常委会第二十九次会议初次审议。2004年8月，十届全国人大常委会第十一次会议再次进行了审议。2006年6月，十届全国人大常委会第二十二次会议对《监督法（草案)》进行了第三次审议。2006年8月27日，《监督法》制定历时20年后终获通过。

## 二、加强对“一府一委两院”工作的监督，确保行政权、监察权、审判权、检察权得到正确行使

人大常委会听取和审议“一府一委两院”的专项工作报告，是法定的监督形式，也是使用最多、最为经常的一种形式。改革开放以来，全国人大常委会已听取审议国务院、最高人民法院、最高人民检察院有关报告400多个，有力促进了依法行政、公正司法，推动解决了一大批实际问题，保证了党中央决策部署的贯彻落实。

“一府一委两院”工作包罗万象，人大的监督不可能事无巨细什么都管，找准“切入点”、“发力点”，选好报告的题目就显得尤为重要。现在，法律已经确定了一些固定项目的专项工作报告，比如，每年要听取环境状况和环境保护目标完成情况的报告。除此之外，人大常委会每年都要听取审议若干专项工作报告，这些报告的

选题要围绕中心、贴近民生、突出重点，抓住那些关系改革发展稳定大局、群众切身利益和社会普遍关注的事项，作为报告的议题。

### 延伸阅读　如何确定专项工作报告的议题？

《监督法》第九条规定，专项工作报告的议题，根据6个途径反映的问题确定：(一) 本级人大常委会在执法检查中发现的突出问题；(二) 本级人大代表对“一府两院”工作提出的建议、批评和意见集中反映的问题；(三) 本级人大常委会组成人员提出的比较集中的问题；(四) 本级人大专门委员会、常委会工作机构在调查研究中发现的突出问题；(五) 人民来信来访集中反映的问题；(六) 社会普遍关注的其他问题。

人民群众关心关注什么，人大就听取哪个方面的报告，人大监督工作就推进到哪里，这是全国人大常委会听取和审议专项工作报告的一个鲜明特点。打开全国人大常委会的履职档案，这些年来，国有企业下岗职工等人员基本生活保障、再就业、食品安全、饮用水安全、医药卫生体制改革、社保体系建设、产品质量、义务教育、城镇保障性住房建设和管理等街头巷尾热议的话题，都曾成为专项工作报告的选题。聚焦到2019年，全国人大常委会共听取和审议国务院工作报告17个，听取和审议最高人民法院和最高人民检察院工作报告3个。这其中，国务院关于2018年度环境状况和环境保护目标完成情况、财政生态环保资金的分配和使用情况、乡村产业发展情况、文化产业发展情况、学前教育事业改革和发展情况、加强社会保障体系建设助力打好精准脱贫攻坚战推进社会救助工作情况、减税降费工作情况等报告，最高人民法院关于加强刑事审判工作情况、最高人民检察院关于开展公益诉讼工作情况等报告，都是事关人民群众切身利益的问题。生活最深刻，群众最智慧。发现问题，最了解实际情况的是人民群众；推动监督，最坚实的依靠力量也是人民群众。听取和审议专项工作报告坚持以百姓心为心，就把尊重社会发展规律与尊重人民主体地位统一了起来。

### 延伸阅读 督促破解执行难，“法律白条”获兑现

长期以来，执行难是人民法院面临的最难啃的“硬骨头”之一，也是人民群众反映强烈、社会各界极为关注的热点问题。人民群众把执行不了的法律文书称为“法律白条”。十三届全国人大及其常委会高度重视解决执行难这个老大难问题，持续开展监督工作。2018 年 10 月，全国人大常委会听取和审议了《最高人民法院关于解决执行难工作情况的报告》；2019 年 4 月，又听取和审议了《最高人民法院关于研究处理对解决执行难工作情况报告审议意见的报告》。最高人民法院自觉接受监督，切实加强执行工作，截至 2019 年 3 月，各级人民法院共受理执行案件 2043.5 万件，执结 1936.1 万件，执行到位金额 4.4 万亿元，实现了“基本解决执行难”这一阶段性目标。

### 延伸阅读 检察机关开展公益诉讼专项监督

2018 年 12 月 24 日，十三届全国人大常委会第七次会议审议了全国人大常委会执法检查组关于海洋环境保护法实施情况的报告。之

后，为推动全国人大常委会海洋环境保护法执法检查发现问题的整改，最高人民检察院于2019年2月部署沿海11省(自治区、直辖市)检察机关开展“守护海洋”检察公益诉讼专项监督。重点围绕入海排污口设置、陆源污染防治、海上污染防控等，督促有关行政机关依法履职，保护海洋生态环境和海洋资源。截至2019年10月，已立案相关公益诉讼案件873件。

2019年8月，全国人大常委会审议了水污染防治法执法检查报告，列举了部分黑臭水体整治滞后、城镇污水处理设施短板明显等6类问题57件线索。之后，最高人民检察院迅速跟进，集中挂牌督办，检察长、副检察长带队实地调研，督导相关地方检察机关认真履职，促进问题整改到位。截至2019年10月，已立案公益诉讼案件28件。其他地区检察机关也同步开展排查，推进类似问题妥善解决。

专项工作报告不同于一般的调研报告、工作汇报，报告要回应党和国家的重大决策部署和人民群众的重大关切。它既要反映工作整体情况，也要注重反映落实党和国家部署的重点任务、推动解决人民群众关心的突出问题的情况；既要客观反映成绩，也要深入查找和剖析问题，提出明确具体的工作举措。报告不要求面面俱到，而是着重对重点、难点、热点问题进行报告。

向人大常委会作专项工作报告，体现了有关国家机关对人大负责、受人大监督的宪法原则，报告人不是以个人名义，而是代表相应的国家机关作报告。根据《监督法》，专项工作报告由“一府一委两院”的负责人向本级人大常委会报告，政府也可以委托有关部门负责人作报告。

人大常委会审议专项工作报告既是履行监督职责，也是行使国家权力、参与管理国家事务。人大审议不同于一般研讨会、座谈会、工作会的发言，不是交流思想、发表观点，不是讨论部署工作，不是一般性地评价工作，而是监督“一府一委两院”工作开展得怎么样，是不是符合人民的关切、取得了人民满意的成效，是不是贯彻落实了党中央决策部署、执行了相关法律规定，是不是兑现了向人民作出的承诺、实现了人民代表大会提出的任务目标，还存在哪些差距、问题，据此有针对性地提出批评、意见、建议。为了提高审议质量，全面了解客观情况，抓住主要矛盾和矛盾的主要方面，在专项工作报告议题确定后，人大常委会组成人员提前开展调研，了解实际情况，听取各方面的意见建议。人大常委会工作机构将常委会组成人员、人大代表调研中了解的情况和问题，以及社会各方面对相关工作的意见建议，及时汇总交给有关部门在起草报告时研究并予以回应，以使报告更具有针对性。在审议前，有关专门委员会和常委会工作机构一般都要开展深入调研工作，对报告所涉问题进行具体分析，弄清楚哪些是体制机制弊端造成的问题，哪些是工作责任不落实造成的问题，哪些是条件不具备一时难以解决的问题，形成调研报告印发会议，作为常委会组成人员审议发言的重要参考。

审议报告发现问题不是终点，拿出措施、解决问题才是目的。为此，常委会组成人员、列席人员对专项工作报告的审议意见，汇总整理成常委会会议审议意见，送“一府一委两院”研究处理。“一府一委两院”要将研究处理情况向常委会提出书面报告；常委会认为必要时，可以作出决议，并要求在规定期限内，将执行决议的情况向常委会书面报告。有关专门委员会、常委会工作机构要做好后续跟踪问效工作，督促有关部门认真研究吸纳审议意见和调研报告提出的意见建议，切实加强和改进工作，并按时向人大报告改进落实情况。如果有必要，还可以安排听取审议改进落实情况的报告，持续开展监督。

## 三、加强对法律实施情况的监督，确保法律有效实施

“盖天下之事，不难于立法，而难于法之必行。”法律的生命力在于实施，法律的权威也在于实施。实施法律是各级国家行政机关、监察机关、审判机关、检察机关的职责。监督“一府一委两院”把法律执行到位、落到实处，是人大执法检查的重要目的。

执法检查是人大重要的监督形式之一，是保证法律得到全面有效实施的“利剑”。执法检查首先是对“一府一委两院”实施法律情况的检查，可以督促和推动相关国家机关依法行使职权，保证法律法规全面正确有效实施，让法律制度的牙齿真正“咬合”起来。执法检查本身也是对人大工作的检查，可以检查人大制定的法律是否符合实际、有效管用，可以通过检查发现法律实施中的突出问题和薄弱环节，进一步修改完善法律制度。执法检查还是一个法律宣传普及的过程，可以促进政府、企业、公众增强法治观念和法律意识，自觉履行法定责任和法律义务，推动全社会形成尊法守法学法用法的良好氛围。

执法检查这一监督形式最早出现于 20 世纪 80 年代地方人大常委会的探索实践。1983 年 5 月，辽宁省沈阳市人大常委会历时一个月，对宪法在该市的贯彻实施情况进行检查，这是地方人大常委会首次采用执法检查的监督形式。执法检查成为全国人大常委会监督形式之一，则始于七届全国人大常委会。1991 年，七届全国人大常委会第十八次会议听取并审议全国人大常委会委员视察组关于视察山东省等六省《土地管理法》实施情况的报告，这是全国人大常委会首次听取审议执法检查报告。时任全国人大常委会委员长万里十分重视对法律

实施的监督，多次强调要把法律实施的检查放在和制定法律同等重要的位置。在他的提议下，委员长会议专门就此作出决定，全国人大常委会制定执法检查的具体计划。1993 年八届全国人大常委会制定《关于加强对法律实施情况检查监督的若干规定》，2006 年出台的《监督法》对执法检查作出专章规定，执法检查的制度机制不断完善。截至 2020 年 6 月底，全国人大常委会已组织开展 140 多次执法检查。现在，全国人大常委会一般每年检查 6 部法律的实施情况。

### 延伸阅读 全国人大常委会 2019 年执法检查项目

2019 年，全国人大常委会共检查了《水污染防治法》、《可再生能源法》、《渔业法》、《中小企业促进法》、《就业促进法》、《高等教育法》等 6 部法律的实施情况。

选好题目是执法检查的前提和基础。截至 2020 年 6 月底，我国现行有效的法律有 277 部，各地方的地方性法规也不少，选择哪些法律法规进行检查，就显得十分关键。重点是要抓住经济社会发展中亟须解决、人民群众普遍关心的热点、焦点、难点问题，确定检查有关法律法规的实施情况。比如，十二届全国人大常委会共检查了 26 件法律和 1 个决定的实施情况，其中，《行政复议法》、《义务教育法》、《未成年人保护法》、《旅游法》、《消费者权益保护法》、《农业法》、《老年人权益保障法》、《食品安全法》、《药品管理法》、《道路交通安全法》、《安全生产法》、《产品质量法》、《种子法》等，都体现了民生这个主题。有些法律，比如《农业法》就是人大监督的重点法律，多次进行执法检查。

组织检查是执法检查的重要环节。全国人大常委会组织的执法检查一般由委员长、副委员长担任组长，带队赴地方开展检查；地方人大常委会组织的执法检查，则一般由主任、副主任带队。考虑到全国地域广阔，全国人大常委会和省级人大常委会根据需要，还可以委托下一级人大常委会对有关法律、法规在本行政区域内的实施情况进行检查，以扩大执法检查的覆盖面。执法检查来源于宪法法律，脱离了宪法法律就失其“魂”、丢其“根”。执法检查严格以法律规定为准绳，一个条款一个条款对照检查，既了解法律实施的全面情况，更善于抓问题、抓典型、抓案例，通过“解剖麻雀”、以点带面，找准影响法律实施的症结关键和深层次原因，按“病”抓方、对“症”下药。

## 延伸阅读 用法治的力量保卫蓝天碧水

2013年，“雾霾”成为年度关键词。这一年的1月，雾霾笼罩了全国大部分省（自治区、直辖市）。如何回应人民群众对良好生态环境的殷切期待，推动解决雾霾问题，助力打赢蓝天保卫战？2014年，十二届全国人大常委会认真部署、安排开展了对《大气污染防治法》的执法检查，提出了若干条有针对性的建议措施。十三届全国人大常委会履职之初，即把《大气污染防治法》执法检查作为重中之重，向大气污染宣战。执法检查直面问题，不搞评功摆好，敢于动真碰硬，最后的执法检查报告，对检查中涉及22家企业的38个问题点名曝光。这次执法检查的力度之大、规格之高、效果之好是过去少有的，目的就是用法治的力量保卫我们的蓝天，让老百姓呼吸到清洁的空气，还人民群众蓝天白云、繁星闪烁。2019年，全国人大常委会又把检查《水污染防治法》的实施情况作为监督的重点。检查聚焦法律的实施，用法律条文一一对照检查，让地方政府认识到，没有做到法律的要求不是落实不力，而是违法。全国人大常委会通过有力的执法检查，用法律武器打好碧水保卫战，让老百姓喝上干净的水。

执法检查的方式方法十分灵活，检查组赴地方时常采用前期调研、听取汇报、召开座谈会、个别走访、抽样调查、实地考察等多种方式，多方了解和掌握法律实施的真实情况。近些年，还采用了第三方评估、暗查暗访、跟踪典型案件、法律知识问卷调查等方式，使监督“活起来”、“动起来”，增强监督实效。

### 延伸阅读 在执法检查中引入第三方评估

2019年，全国人大常委会委托权威学术机构——中国工程院，对《水污染防治法》实施情况开展评估。评估组阵容十分强大，共有100多位专家，其中院士就有22位。这也是全国人大常委会首次在执法检查中引入第三方对法律实施情况和效果开展评估。通过借用“外脑”，更多采用数据化、精准化的监督方式，为执法检查提供技术支撑和专业参考。同时，也可以通过更加客观、中立的视角，去审视、评价法律实施情况和各地区各部门工作，使执法检查更有力度、更具权威。

执法检查报告是解决问题、完善制度的重要依据。执法检查报告既不同于专项工作报告，也不同于一般的调研报告。它主要是报告相关法律的落实情况、实施效果，不是报告这部法律所涉及领域的工作情况；主要不是总结成绩，而是查找法律实施的问题；主要不是论述道理，而是提出明确具体的落实法律的要求；主要不是对政府和有关方面具体工作的建议，而是强调政府和有关方面必须严格履行法律责任。执法检查报告如实反映法律实施情况特别是存在的问题，用准确翔实、有说服力的案例和数据说话。报告的形式一般是在人大常委会会议上作口头报告，但也不乏创新的报告方式。2014 年 12 月，全国人大常委会关于检查《旅游法》实施情况的报告，以视频和口头报告相结合的方式呈现在常委会组成人员面前，让人耳目一新。

执法检查报告提交常委会会议审议时，常委会组成人员充分发表意见、集思广益；同时选择部分执法检查项目，结合审议开展专题询问，推动解决执法检查中发现的重点问题。

## 延伸阅读 全国人民代表大会会议听取和审议执法检查报告

1997 年 3 月 10 日，在八届全国人大五次会议上，全国人大常委会副委员长布赫作关于检查《农业法》实施情况的报告。这是全国人大历史上第一次由代表大会会议听取和审议执法检查报告，也是全国人大常委会连续 3 年对《农业法》的实施情况进行检查。

推动整改落实是执法检查的最终目的、关键所在。人大常委会会议后，常委会组成人员的审议意见连同执法检查报告，一并交“一府一委两院”研究处理。“一府一委两院”将研究处理情况送人大专门委员会或者常委会有关工作机构征求意见后，向常委会提出报告，常委会根据实际情况安排审议，或者组织跟踪监督。

## 延伸阅读 推动解决拖欠农民工工资问题

2003年7月，全国人大常委会执法检查组在检查《建筑法》的实施情况时发现，拖欠工程款和农民工工资现象普遍存在。面对广大农民工的殷切期待，执法检查报告明确要求，国务院有关部门要组织力量，对政府投资工程拖欠工程款和农民工工资的情况进行一次全面的清理清查；迅速采取有力措施，纠正拖欠农民工工资这种违法行为，并提出“三年清欠”的目标。之后，国务院加大工作力度，组织建设、劳动、司法等有关部门积极行动起来，一场声势浩大的专门解决拖欠工程款和农民工工资的清欠行动由此拉开帷幕。经过各方面的持续努力和关注，到2005年初，2003年以前全国累计拖欠农民工工资已经偿还333.7亿元，2005年春节清欠农民工工资的目标基本实现。

## 四、加强计划、预决算和国有资产监督，推动政府摸清“家底”、管好“钱袋子”

凡事预则立，不预则废。计划，是政府对未来一定时期经济和社会发展目标任务、重点工作所作的安排。预算，是政府对未来一年财政收入和支出所作的安排。很多家庭都有一本记录开支的“家庭账本”，国家也有一本记录财政收入从哪里来、花到哪里去的“国家账本”，预算就是这个国家账本。计划和预算，都是关系国计民生和人民群众切身利益的大事。计划、预算经本级人民代表大会审查批准后，政府是不是严格按照既定的计划、预算组织推进各项工作，执行得怎么样，特别是计划中的约束性指标支出预算是否符合批准的计划预算，有没有浪费资金等，需要人大常委会发挥监督作用。根据宪法和有关法律规定，人大常委会审查和批准决算，听取和审议国民经济和社会发展计划、预算的执行情况报告，听取和审议审计工作报告，对五年发展规划情况进行中期评估等。

人大常委会对计划执行情况的监督，主要依据《宪法》、《地方组织法》、《监督法》等法律开展工作。2000 年，全国人大常委会制定关于加强经济工作监督的决定，要求国务院应当在每年 8 月向全国人大常委会报告上半年计划执行情况，当经济运行发生重大变化时，应当向全国人大常委会报告、作出说明。为了做好监督工作的准备，全国人大财政经济委员会在 4 月、7 月和 10 月中旬分别召开全体会议，听取国务院有关部门关于一季度、上半年、前三季度国民经济运行情况的汇报，并进行分析研究。《监督法》对县级以上地方各级人民政府在 6 月至 9 月期间向本级人大常委会报告本年度上一阶段国民经济和社会发展执行情况，以及各级人大常委会听取审议报告的审议意见的研究处理等提出了明确要求。

审查批准决算和监督预算执行，是人大常委会行使监督权的重要方面。审查和批准决算是预算审查批准权的延伸，是对预算执行结果的监督和确认，保障经人民代表大会批准的预算得到有效落实。审查批准决算的权限经历了由代表大会行使向由常委会行使的转变。1994 年通过的《预算法》对预算管理职权作出了系统性规定，明确县级以上各级人大常委会审查批准本级决算。根据《监督法》等有关法律的规定，国务院一般在每年 6 月将上一年度的中央决算草案提请全国人大常委会审查批准。常委会在审查和批准决算的同时，听取和审议国家审计署关于上一年度预算执行情况和其他财政收支的审计工作报告。监督预算执行是人大及其常委会事中监督的重要内容，目的是梳理财政收支运行情况、分析预算执行是否发生偏离，督促政府严格落实党中央有关决策部署和人民代表大会相关决议精神，保证代表大会通过的预算得到有效实施。自2010年起，为加强对预算执行情况的监督，全国人大常委会将听取决算报告和预算执行情况的报告分开，专门在8月听取和审议预算执行情况的报告。

预算决算审查监督的体制机制是一个不断健全完善的过程。1998年，九届全国人大常委会设立预算工作委员会，协助承担审查预算及其调整方案、监督预算制定和执行等工作。1999年，通过了《关于加强中央预算审查监督的决定》。其后通过制定《监督法》、修改《预算法》等，进一步完善人大预算决算审查监督的程序和机制。党的十八届三中全会提出，加强人大预算决算审查监督、国有资产监督职能。落实党中央决策部署，建立审计查出突出问题整改情况向全国人大常委会报告机制、预算审查前听取人大代表和社会各界意见建议机制，建立国务院向全国人大常委会报告国有资产管理情况的制度，推进人大预算审查监督重点向支出预算和政策拓展改革，推进人大预算联网监督工作等，向着构建完整、规范、透明的预算制度迈出了坚实步伐。2015年起，每年12月向全国人大常委会提交的审计查出突出问题整改情况的书面报告改为口头报告，并完善相关工作程序和机制，强化被审计单位的整改责任，加强对审计查出问题整改情况的跟踪监督，增强人大监督的实效。

人大要履行好监督职责，审出成效，就需要明确预算审查监督的重点。过去人大预算审查监督的重点是钱够不够花，别把“钱袋子”花亏空了，如今在这个基础上，把预算审查监督重点向支出预算和政策拓展，也就是更多地关注钱是怎么花的，怎样能花得更好、更有效。人大重点在支出预算总量与结构、重点支出和重大投资项目、部门预算、财政转移支付和政府债务五个方面加强预算审查和监督，把提高资金使用效率放在更突出位置，不让财政资金躺在账簿上“睡大觉”。

推进人大预算联网监督，是人大预算审查监督工作的创新发展，也是完善预算审查监督制度的有益探索。人大通过预算联网监督系统，实现对预算决算的全口径审查和对预算执行全过程的实时在线监督，让每一分钱都花得明明白白。系统具有查询、预警、分析、服务等功能，当发生支出进度慢、债务超标、违规采购、“三公”经费超预算等异常问题时，系统就会及时“亮红灯”。2017 年 6 月 30 日，全国人大常委会办公厅印发了《关于推进地方人大预算联网监督工作的指导意见》。到 2019 年，基本实现了地市级人大预算联网监督系统建设和使用全覆盖，大大强化了预算约束、严格了预算执行。

### 延伸阅读　宁波北仑“阳光三审”破解街道预算监督难题

随着城市化进程推进，大量乡镇转为街道，而新的街道没有本级人大代表，如何对街道预算开展监督，有效避免街道预算审查监督的“盲区”，是一个紧迫课题。浙江省宁波市北仑区率先推广街道预算监督“阳光三审”，从编制、执行和绩效三个关键环节，对街道预算进行监督，并定期向代表通报有关情况，邀请民情联络员列席会议，接受群众点评，打通人大审查监督街道预算的“最后一公里”，深度激发基层民主活力。①

① 参见厉晓杭、顾霄扬、虞海波:《北仑“阳光三审”破解街道预算监督难题》,《宁波日报》2019 年 7 月 15 日。

国有资产属于国家所有也就是全民所有，是全体人民共同的宝贵财富。国务院代表国家行使国有资产所有权并负有管理职责，全国人大及其常委会负有国有资产监督职责。我国国有资产规模庞大、种类繁多，而长期以来，对于国有资产的“家底”未能建立起范围清晰、科学规范的财务和统计系统，容易导致国有资产管理出现“盲人摸象”问题。一些领域国有资产管理制度不够健全，国有资产流失和损失浪费现象严重，一些企业内部的“老虎”和“苍蝇”大肆侵吞国有资产，暴露出的一些问题触目惊心。2017 年，党中央印发了《关于建立国务院向全国人大常委会报告国有资产管理情况制度的意见》，对加强人大国有资产监督职能作出决策部署，明确全国人大常委会听取和审议国务院关于国有资产管理情况的报告成为年度固定监督议题，年度报告采取综合报告和专项报告相结合的方式。2018 年 10 月，全国人大常委会审议了国务院关于 2017 年度国有资产管理情况的综合报告和金融企业国有资产的专项报告，首次按照全口径要求报出了国有资产“家底”。2019 年 4 月，全国人大常委会出台了贯彻落实中央意见的五年规划，明确了任务书、时间表和路线图，有利于督促政府全面摸清国有资产家底，向全国人民交出国有资产的“明白账”、“放心账”，守护好全国人民的共同财富。至 2019 年底，省市两级地方建立国有资产管理情况报告制度基本实现了全覆盖。

## 五、询问、质询、特定问题调查、撤职案的审议和决定

2019 年 10 月 25 日上午，一场特殊的“考试”在人民大会堂举行。十三届全国人大常委会第十四次会议举行联组会议，审议最高人民检

察院关于开展公益诉讼检察工作情况的报告并进行专题询问。专题询问一开始，一位全国人大常委会委员就提出了一个重量级问题："在推进公益诉讼检察工作中遇到了哪些突出问题和困难？最高人民检察院打算如何攻坚克难、更好开展公益诉讼检察工作？"最高人民检察院检察长坦诚地回答了这个问题。这是全国人大常委会开展专题询问的一个缩影。

汉语中的询问是征求意见、打听的意思，作为法定监督形式的询问则有特定的内涵，是指在人大常委会会议审议议案和有关报告时，本级人民政府或者有关部门、监察委员会、人民法院或者人民检察院应当派有关负责人员到会，听取意见、回答常委会组成人员和列席人员的提问，是一种面对面的监督方式。询问的目的在于提高审议质量，更好地发挥监督作用。

2010 年 6 月，询问被全国人大常委会以"专题询问"这一崭新的形式亮相。专题询问的形式是一问一答、有问有答，但不是简单的我提问、你回答。问要问出百姓心声、社会关切，在专题询问前，全国人大相关专门委员会和常委会工作委员会围绕议题提前开展调研，通过召开座谈会、开展问卷调查等方式，认真提出亟须解决的突出问题，作为专题询问的重点。在专题询问中，全国人大常委会组成人员和列席会议的全国人大代表既可以事先报名参加询问，也可以现场主动提问，如果对回答情况不满意，还可以进一步追问。有的问题十分尖锐、直击要害，"辣味"很浓，体现的是"敢问"二字。提问不顾及情面，不为部门评功摆好、推诿塞责搭台阶，这就是对人民负责、为党和国家事业尽责的态度。"一府两院"的应询人员直面热点难点，回答问题实事求是、真诚坦率，不回避不推诿，对于能够立即解决的问题当场作出答复，对于需要逐步解决的问题提出

2019 年 10 月 25 日上午，十三届全国人大常委会第十四次会议在人民大会堂举行联组会议，审议最高人民检察院关于开展公益诉讼检察工作情况的报告并开展专题询问。（中国人大网供图　杨菲菲摄）

改进工作的努力方向，现场不能答复或者不能充分答复的，则说明情况并于会后及时书面答复。专题询问体现的是法律的权威性、监督的严肃性，体现的是被监督方对法律的敬畏、负责和忠诚。专题询问通过电视、广播、报纸等媒体进行报道，通过网络平台进行图文直播。专题询问问出了实效、问出了成果，在全社会产生积极反响，得到了人民群众的点赞。

## 延伸阅读　全国人大常委会开展专题询问的若干个“第一次”

2010 年 6 月，十一届全国人大常委会第十五次会议在审议 2009 年中央决算报告时进行专题询问，财政部多位负责人到会回答询问，这是全国人大常委会首次开展专题询问。2013 年 8 月，张德江主持联组会议，审议传染病防治工作和传染病防治法实施情况的报告并进行专题询问，这是全国人大常委会委员长首次主持专题询问。2014 年 12 月，常委会结合审议国务院关于统筹推进城乡社会保障体系建设工作情况的报告并开展专题询问，国务院副总理马凯到会听取意见并回答询问，这是国务院负责同志首次到会应询。此后，国务院副总理、国务委员等多次参加专题询问。2015 年 6 月，常委会结合审议职业教育法执法检查报告开展专题询问，这是全国人大常委会首次围绕执法检查报告开展专题询问。2018 年 10 月，常委会围绕人民法院解决“执行难”工作、人民检察院加强对民事诉讼和执行活动法律监督工作开展专题询问，最高人民法院院长周强、最高人民检察院检察长张军到会应询，这是全国人大常委会首次对“两高”工作开展专题询问。目前，专题询问的议题既包括专项工作报告，又包括执法检查报告；专题询问的对象既包括国务院，又包括“两高”。全国人大常委会每年都选择若干重大问题开展专题询问，截至 2020 年 6 月底，已经开展了 30 次专题询问。

质询、特定问题调查、撤职案的审议和决定，也是《监督法》规定的法定监督形式，但由于这些形式有特定的适用情形，在全国人大及其常委会实际工作中运用较少，所以也被称为非经常性监督工作。

人大常委会组成人员对“一府一委两院”工作中不清楚、不理解、不满意的方面提出问题，要求有关机关作出说明、解释，这就是质询。质询权是宪法法律赋予各级人大及其常委会的一项重要职权，是人大依法开展监督工作的一个重要方式，是一种比较刚性的监督形式。人大质询制度确立于1954年宪法，不过当时叫“质问”，规定全国人大代表有权向国务院或者国务院各部、各委员会提出质问，受质问的机关必须负责答复。1978年宪法和1979年《地方组织法》将“质问”改为“质询”。1982年宪法沿用“质询”的提法，规定：全国人大代表在全国人大开会期间，全国人大常委会组成人员在全国人大常委会开会期间，有权依照法律规定的程序提出对国务院或者国务院各部、各委员会的质询案；受质询的机关必须负责答复。之后，《全国人民代表大会组织法》、《地方组织法》、《全国人民代表大会议事规则》、《全国人民代表大会常务委员会议事规则》、《监督法》、《代表法》等多部法律对质询的要件、形式、程序等作出了明确规定，并将质询对象扩大到最高人民法院、最高人民检察院。2018年通过的《监察法》明确规定，县级以上各级人民代表大会及其常委会举行会议时，人大代表或者常委会组成人员可以依照法律规定的程序，就监察工作中的有关问题提出询问或者质询。

## 延伸阅读 全国人大历史上关于“质询”的实践

据媒体报道，全国人大历史上曾进行过两次“质询”。第一次：1980年8月30日至9月10日，五届全国人大三次会议期间，北京、天津、上海等5个代表团的部分全国人大代表，就上海宝山钢铁厂建设问题先后4次向冶金部提出质询，负责答问的是时任冶金工业部部长唐克。这次全国人大代表联名提出的质询，以1978年宪法为依据，由大会秘书处作出相应处理，可以被视为全国人大历史上第一次启用质询这一监督方式。第二次：2000年3月5日至15日，九届全国人大三次会议期间，辽宁省代表团何大川等32名全国人大代表联名就山东烟台“11·24”特大海难的救助情况、我国客滚船强制报废制度等问题，向交通部提出询问。接受询问的是时任交通部部长黄镇东、副部长洪善祥及交通部救捞局局长等。这次询问，是交通部负责人前往辽宁代表团驻地答复的。值得注意的是，这是以“询问”的名义开展的，从严格的法律意义上讲，不宜称为“质询”。

质询在地方人大的实践比较丰富。1980 年 9 月，山西省五届人大常委会第六次会议期间，常委会组成人员对昔阳西水东调工程提出质询，这是省级人大常委会第一次使用质询这种监督方式。同年，湖南省双峰县人大常委会就猪场建设问题质询县政府，成为质询在县级人大实践的开端。云南省人大及其常委会是开展质询次数较多的省级人大，自 1986 年到 1991 年的 6 年间，云南省人大或者常委会连续每年开展一次质询。从各级地方人大及其常委会开展质询的情况看，80%以上的质询是在人民代表大会会议期间提出的，约 90%的受质询机关是本级人民政府或者其有关部门。

### 延伸阅读 地方人大质询案的内容主要集中在哪些方面?

地方人大质询案的内容主要集中在六个方面：一是对法律、法规实施等方面的问题提出质询；二是对不执行人大及其常委会决议、决定等方面的问题提出质询；三是对行政机关失职、重大失误等方面的问题提出质询；四是对审判机关、检察机关失职、渎职等方面的问题提出质询；五是因不满意代表议案、建议办理结果提出质询；六是对群众反映强烈、意见比较集中的突出问题提出质询。

在人大常委会会议期间，提出质询案的主体，必须是常委会组成人员，而且必须符合法定人数。质询案必须以书面形式提出，不能以口头形式提出。质询案必须写明质询的对象，写明向谁提出，要求谁作答复。质询对象包括本级政府及其各部门、监察委员会、法院、检察院。质询案必须明确所要质询的问题，写明因为什么具体事项、什么理由提出质询，并提供该事项必要的有关情况，以便受质询机关准确把握常委会组成人员质询的意图，希望了解情况的范围或者不满意的事项，作出有针对性的答复。质询案由委员长会议或者主任会议决定交由受质询的机关答复；质询案以口头答复的，由受质询机关的负责人到会答复；质询案以书面答复的，由受质询机关的负责人签署。如果提质询案的常委会组成人员过半数对受质询机关的答复不满意，可以提出要求，经委员长会议或者主任会议决定，由受质询机关再作答复。

特定问题调查，是国家权力机关就某一专门问题所进行的调查活动，是国家权力机关行使监督权的一种非常措施。各级人大常委会对属于其职权范围内的事项，需要作出决议、决定，问题重大但有关事实不清的，可以组织关于特定问题的调查委员会开展特定问题调查。特定问题调查委员会由本级人大常委会组成人员和本级人大代表组成，可以聘请有关专家参加调查工作，是临时设立的组织，不是常设机构，是一问题一设立。

# 第八章 依照法定职权讨论决定重大事项

讨论决定重大事项是宪法和法律赋予人大及其常委会的重要职权，是人民依法管理国家事务、管理经济文化事业、管理社会事务的重要形式。党中央高度重视发挥人大在决定重大事项方面的作用。党的十八届三中全会提出，要健全人大讨论、决定重大事项制度。2017年，党中央出台有关健全人大讨论决定重大事项制度、各级政府重大决策出台前向本级人大报告的文件，为做好讨论决定重大事项工作提供了更有力的制度保障。60多年来，各级人大及其常委会依照法定职权，围绕经济建设、政治建设、文化建设、社会建设、生态文明建设各方面重大事项，作出一系列决定决议，有力推动了经济社会的健康发展，保障了广大人民群众的根本利益。

## 一、审议批准计划预算和工作报告，部署安排国家各方面工作

听取审议“一府两院”工作报告、审查批准国民经济和社会发展规划计划和预算，是人大行使重大事项决定权的重点。

在每年全国人民代表大会会议上，全国人大常委会和国务院、最高人民法院、最高人民检察院都要向大会报告工作，国务院还要报告上年计划、预算执行和本年度安排情况。这些工作报告都要对当

年工作作出部署安排，涉及国家工作的方方面面。人大代表审议各项报告，围绕各国家机关工作的指导思想、总体要求、重点任务、主要目标和相关安排提出意见建议。审议后由大会作出决议，批准这些报告和计划、预算，使之成为各国家机关开展工作的遵循和依据。

### 延伸阅读 “一府两院”工作报告审议未通过怎么办？

2001 年 2 月，沈阳市十二届人大第四次会议上，沈阳市中级人民法院工作报告审议未获通过。随后，沈阳市人大常委会在全国人大和辽宁省人大的指导下，作出召开人民代表大会特别会议审议法院整改工作报告及 2001 年工作安排报告的决定。6 个月整改期内，全市法院系统针对代表提出的问题，清理超审限案件近 2 万件，多年来第一次实现了执行案件收、结案的基本平衡；对 15 名违法审判法官和 12 名违反纪律法警进行了责任追究；专门设立人大代表联络室，主动接受代表监督。8 月 9 日，沈阳市召开十二届人大第五次会议，再次审议市中级人民法院工作报告，并最终以多数赞同通过。

国民经济和社会发展规划、计划提出未来一个时期经济社会发展的指导思想、主要目标、重点任务和重大举措，对国家重大建设项目、生产力布局和国民经济重要比例关系等作出规划，是国家发展的中期蓝图。自 1955 年一届全国人大二次会议审议通过“一五”计划以来，我国已连续制定 13 个国民经济和社会发展五年规划或计划。五年规划或计划先由党中央提出建议，然后由国务院编制规划纲要草案，经全国人大审查批准，成为具有法定效力的国家决策。制定实施五年规划

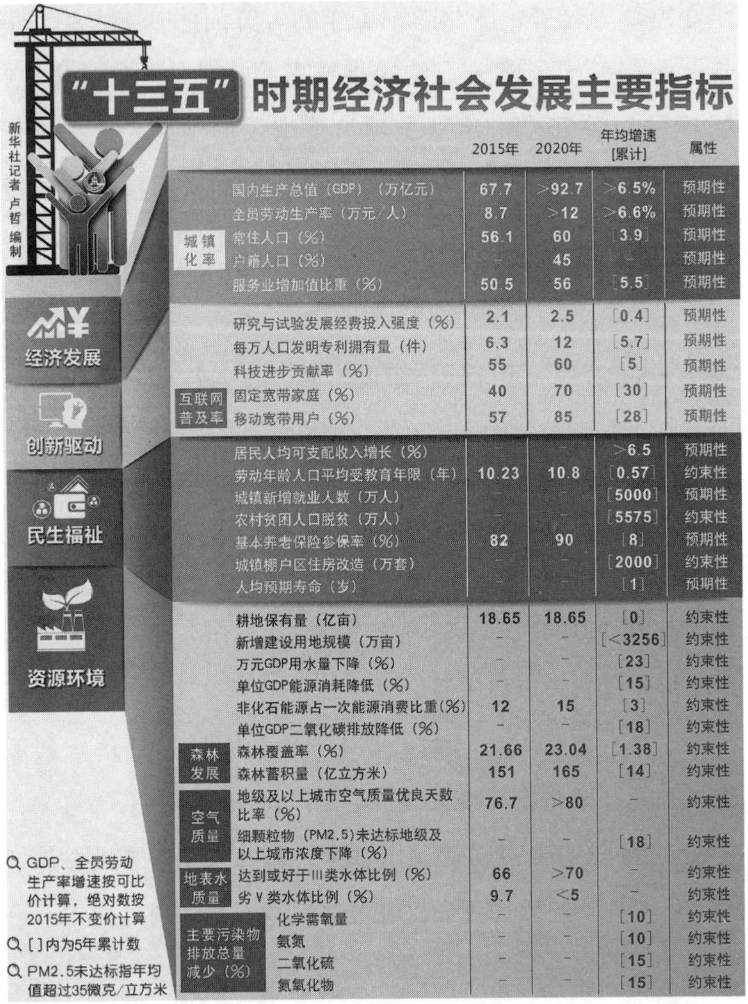

# “十三五”时期经济社会发展主要指标

新华社记者 卢哲 编制

| 类别 | 分项 | 指标 | 2015年 | 2020年 | 年均增速[累计] | 属性 |
|---|---|---|---|---|---|---|
| 经济发展 | | 国内生产总值（GDP）（万亿元） | 67.7 | >92.7 | >6.5% | 预期性 |
| 经济发展 | | 全员劳动生产率（万元/人） | 8.7 | >12 | >6.6% | 预期性 |
| 经济发展 | 城镇化率 | 常住人口（%） | 56.1 | 60 | [3.9] | 预期性 |
| 经济发展 | 城镇化率 | 户籍人口（%） | - | 45 | - | 预期性 |
| 经济发展 | | 服务业增加值比重（%） | 50.5 | 56 | [5.5] | 预期性 |
| 创新驱动 | | 研究与试验发展经费投入强度（%） | 2.1 | 2.5 | [0.4] | 预期性 |
| 创新驱动 | | 每万人口发明专利拥有量（件） | 6.3 | 12 | [5.7] | 预期性 |
| 创新驱动 | | 科技进步贡献率（%） | 55 | 60 | [5] | 预期性 |
| 创新驱动 | 互联网普及率 | 固定宽带家庭（%） | 40 | 70 | [30] | 预期性 |
| 创新驱动 | 互联网普及率 | 移动宽带用户（%） | 57 | 85 | [28] | 预期性 |
| 民生福祉 | | 居民人均可支配收入增长（%） | - | - | >6.5 | 预期性 |
| 民生福祉 | | 劳动年龄人口平均受教育年限（年） | 10.23 | 10.8 | [0.57] | 约束性 |
| 民生福祉 | | 城镇新增就业人数（万人） | - | - | [5000] | 预期性 |
| 民生福祉 | | 农村贫困人口脱贫（万人） | - | - | [5575] | 约束性 |
| 民生福祉 | | 基本养老保险参保率（%） | 82 | 90 | [8] | 预期性 |
| 民生福祉 | | 城镇棚户区住房改造（万套） | - | - | [2000] | 约束性 |
| 民生福祉 | | 人均预期寿命（岁） | - | - | [1] | 预期性 |
| 资源环境 | | 耕地保有量（亿亩） | 18.65 | 18.65 | [0] | 约束性 |
| 资源环境 | | 新增建设用地规模（万亩） | - | - | [<3256] | 约束性 |
| 资源环境 | | 万元GDP用水量下降（%） | - | - | [23] | 约束性 |
| 资源环境 | | 单位GDP能源消耗降低（%） | - | - | [15] | 约束性 |
| 资源环境 | | 非化石能源占一次能源消费比重（%） | 12 | 15 | [3] | 约束性 |
| 资源环境 | | 单位GDP二氧化碳排放降低（%） | - | - | [18] | 约束性 |
| 资源环境 | 森林发展 | 森林覆盖率（%） | 21.66 | 23.04 | [1.38] | 约束性 |
| 资源环境 | 森林发展 | 森林蓄积量（亿立方米） | 151 | 165 | [14] | 约束性 |
| 资源环境 | 空气质量 | 地级及以上城市空气质量优良天数比率（%） | 76.7 | >80 | - | 约束性 |
| 资源环境 | 空气质量 | 细颗粒物（PM2.5）未达标地级及以上城市浓度下降（%） | - | - | [18] | 约束性 |
| 资源环境 | 地表水质量 | 达到或好于Ⅲ类水体比例（%） | 66 | >70 | - | 约束性 |
| 资源环境 | 地表水质量 | 劣Ⅴ类水体比例（%） | 9.7 | <5 | - | 约束性 |
| 资源环境 | 主要污染物排放总量减少（%） | 化学需氧量 | - | - | [10] | 约束性 |
| 资源环境 | 主要污染物排放总量减少（%） | 氨氮 | - | - | [10] | 约束性 |
| 资源环境 | 主要污染物排放总量减少（%） | 二氧化硫 | - | - | [15] | 约束性 |
| 资源环境 | 主要污染物排放总量减少（%） | 氮氧化物 | - | - | [15] | 约束性 |

GDP、全员劳动生产率增速按可比价计算，绝对数按2015年不变价计算

[ ]内为5年累计数

PM2.5未达标指年均值超过35微克/立方米

“十三五”时期经济社会发展主要指标。（新华社记者　卢哲编制）

或计划是我国国家治理的重要制度和重要手段，极大地调动了全国人民建设社会主义的积极性、主动性、创造性，保证了国家统一高效组织推进各项事业，将中国共产党领导下的国家政治优势、社会主义制度优势、社会主义现代化道路优势有效转化为经济优势、发展优势、竞争优势。

政府预算是国家战略、规划、政策和政府职责、活动范围、方向的集中反映。审查批准预算是各级人民代表大会的重要职权。我国《宪法》和《全国人民代表大会组织法》、《地方组织法》、《预算法》等相关法律明确了政府预算管理职权、审查批准的程序、重点审查的内容等，为审查批准预算提供了法律依据。随着2018年《关于人大预算审查监督重点向支出预算和政策拓展的指导意见》的实施，人大预算审查监督的重点逐步实现由赤字规模和预算收支平衡状况向更加关注支出预算和支出政策安排、财政资金使用绩效和政策实施效果拓展，政策对编制支出预算的指导和约束作用得到进一步发挥，人大预算审查监督的针对性和有效性进一步提高，保障了党中央重大方针政策和决策部署的贯彻落实。

## 延伸阅读 中央预算审查批准工作流程

| | | |
|---|---|---|
| 前期沟通 | 每年6月至12月 | · 全国人大常委会预算工委开展专题调研<br>· 组织学习中央经济工作会议精神<br>· 与财政部进行初步沟通 |
| 提前介入 | 每年12月至下年1月 | · 全国人大常委会预算工委听取预算编制工作通报、预算草案主要内容通报、有关重点支出及部门预算情况介绍<br>· 听取全国人大各专门委员会和部分全国人大预算审查联系代表、有关专家学者对预算编制、财税政策和预算审查的意见建议 |
| 初步审查 | 代表大会召开会议前45日 | · 全国人大财政经济委员会召开全体会议，邀请其他有关的专门委员会和部分全国人大预算审查联系代表参加，对预算草案进行初步审查，提出初步审查意见，送财政部研究处理并要求提出反馈报告 |

续表

| | | |
|---|---|---|
| 大会审查批准 | 代表大会会议期间 | ·各代表团对预算草案和报告进行审查<br>·全国人大财政经济委员会在各代表团和各专门委员会审查的基础上提出审查结果报告<br>·大会主席团审议审查结果报告；通过后印发代表<br>·闭幕会上代表表决关于预算的决议 |

## 延伸阅读 审好预算“管”好家

“预算法规定政府所有收入都要纳入预算，如此一来，收入大幅度超预算的问题就值得探讨了！”“我注意到预算项目中，有的资金安排波动特别大，为什么没有对此的具体说明?”“教育投入的分配，和不同阶段学龄孩子的占比并不匹配，这是怎么考虑的?”一个个问题如“连珠炮”般直指省财政厅、发展改革委、经济和信息化厅的工作人员。这样的场面出现在2019年四川省十三届人大二次会议的预算草案专题审议会上。

财政预算关系老百姓的福祉，专题审议会也并非报数据那么简单。政府部门不仅要回答上一年的钱花到哪里去了，也要解释清楚新一年的钱打算怎样花。随着一个个问题得到耐心、满意的解答，代表心中的疑团也逐渐被打消。替老百姓“管”好家、让政府的每一分钱都用得清清楚楚是各级人大代表的应尽职责。2019年1月19日下午，四川省十三届人大二次会议顺利表决通过计划和预算草案，代表们用手中的选票表达了对政府的满意。

计划和预算一经批准就具有法定效力，非经法定程序不得变更，如因客观情况的变化需要作适当调整，应按法定程序进行。人大会议每年召开一次，不可能及时对计划和预算部分调整进行审查批准。因此，宪法和有关法律规定，人大常委会审查批准计划和预算的部分调整。这样既维护了国家权力机关所作决定的权威性，又满足了国家经济社会发展的现实需要，体现了原则性和灵活性的统一。

全国人大成立以来，全国人大常委会根据国务院建议，2 次作出决议批准调整计划，6 次作出决议批准国务院调整国家财政收支中央预算调整方案。地方人大常委会也根据本行政区域发展实际，适时作出调整计划和预算的决定，助力政府“把钱花在刀刃上”。比如，2018 年 11 月，济南市人大常委会通过关于批准市级预算调整方案的决议，核减了政府部门在产业扶持、城市建设、教育等领域 88 个项目的 21.3 亿元预算资金，同时推动政府安排 9 亿元财政资金用于支持国家超级计算济南中心建设。超级计算机被称为“国之重器”，是国家科技发展水平和综合国力的重要标志。2019 年 5 月，国家超级计算济南中心科技园项目正式启用，为济南市创新发展注入了新的动力。

### 延伸阅读　全国人大常委会是怎样决定调整中央财政预算的？

2000 年 8 月 21 日，在九届全国人大常委会第十七次会议上，国务院就增发国债、调整中央财政预算提出议案。议案根据经济形势、财政收支预期、国债项目建设实际、西部大开发战略实施需要等因素，建议再增发 500 亿元长期建设国债，主要用于中西部地区增加基础设施投资。中央财政赤字将由年初预算批准的 2298 亿元扩大到 2798 亿元，并据此提出中央财政预算调整方案草案。全国人大常委会在全国人大财政经济委员会初步审查的基础上，经过审议讨论，作出关于批准国务院增发长期建设国债和中央财政预算调整方案的决议，批准增发长期建设国债500亿元和2000年中央财政预算调整方案，并对做好国债使用工作提出要求。

## 二、决定行政区划设置调整，促进经济社会繁荣发展

省级行政区设置涉及面广，自治区的建立还关系到少数民族的自治权的落实与保护，是国家生活中的大事。宪法规定，全国人大批准省、自治区和直辖市的建置。

全国人大成立以来，共作出关于省、自治区、直辖市建置的决

1988年4月26日，海南省人民政府正式挂牌成立。当日海口市数万名群众聚集在海南省政府门前，欢庆海南省正式成立。（新华社发）

定、决议 8 件。一届全国人大期间，先后作出成立广西壮族自治区、宁夏回族自治区，撤销热河省、西康省等决定。

改革开放，春潮涌动。为充分发挥海南区位优势和资源优势，推动海南实行更加开放、灵活的特殊政策，加快海南经济社会发展，1988 年 4 月，七届全国人大一次会议作出关于设立海南省的决定。30 多年来，海南地区生产总值由 1987 年的 57.28 亿元增长到 4462.5 亿元，地方财政收入由不足 3 亿元增长为 674 亿元，并成功举办了 18 届博鳌亚洲论坛。习近平总书记在庆祝海南建省办经济特区 30 周年大会上这样评价："经过 30 年不懈努力，海南已从一个边陲海岛发展成为我国改革开放的重要窗口。"①

设立重庆直辖市是党中央为加快西南地区经济社会发展作出的重大战略决策。1997 年 3 月，八届全国人大五次会议作出决定，批准设立重庆直辖市，管辖原重庆市、万县市、涪陵市和黔江地区所辖行政区域，共涉及国土面积 8.2 万平方公里，人口 3000 多万。二十三载春华秋实、筚路蓝缕，重庆市由内陆腹地逐步发展为开放高地，对西南地区和长江上游地区的经济建设和对外开放发挥着越来越重要的作用。同新中国成立初期相比，重庆地区生产总值增长 1466 倍，工业总产值增长 3424.5 倍，人均寿命从 49.5 岁提高到 77.6 岁，这个共和国最年轻的直辖市正在成为带动西南地区经济社会发展的新增长极。

---

① 习近平:《在庆祝海南建省办经济特区 30 周年大会上的讲话》，人民出版社 2018 年版，第 3 页。

1997 年 3 月 14 日，八届全国人大五次会议通过了关于批准设立重庆直辖市的决定后，代表们热烈鼓掌。（新华社记者　李生南摄）

## 三、决定国家机构设置，保证国家机关依法履行职能

新中国成立 70 多年来，我国的国家机构随着社会主义革命、建设、改革实践的发展而调整，机构职能不断优化、规范。1982 年以来，全国人大先后 7 次作出关于国务院机构改革的决定。全国人大常委会也通过相关决定、决议 48 件，批准国务院设立、撤销、合并部分机构，就法院、检察院机构设置问题作出决定。

随着中国特色社会主义进入新时代，国家机构设置和职能配置同统筹推进“五位一体”总体布局、协调推进“四个全面”战略布局的要求还不完全适应，同实现国家治理体系和治理能力现代化的要求还不完全适应等问题逐步凸显。2018 年 2 月，党的十九届三中全会通过《中共中央关于深化党和国家机构改革的决定》和《深化党和国家机构改革方案》。3 月，十三届全国人大一次会议作出批准国务院机构改革方案的决定。经过改革，国务院正部级机构减少 8 个，副部级机构减少 7 个，优化了机构设置和职能配置，理顺了职责关系。同以往历次机构改革相比，这次改革的力度之大、影响面之广、触及的利益关系之复杂，都十分少有，堪称一场系统性、整体性、重构性变革。

### 延伸阅读 各地人大通过决定保证机构改革顺利实施

2018 年 9 月以来，省一级的机构改革方案陆续经党中央批复同意，由本地人大审议讨论批准。在本轮地方机构改革中，各地根据实际情况设置了许多特色部门。比如，四川是全国脱贫攻坚的主战场之一，将原省扶贫移民局更名为扶贫开发局，加强脱贫攻坚力度。山东作为传统海洋大省，为做好“海洋”文章，新组建省海洋局。福建、浙江等多个省份瞄准“大数据”产业，分别组建省大数据局、大数据发展管理局等新部门，促进数字经济发展。为解决机构改革中涉及的职责和工作等问题，福建、山东、四川、浙江等地方人大常委会还专门作出决定，修改机构改革中涉及的地方性法规，并对省级机构改革方案中需要制定、修改地方性法规或需要由省人大常委会作出决定的，要求省人民政府及时提请审议，用法治方式保障机构改革顺利推进，确保政府部门依法履职、开展工作。

健全完善人大机构设置，对于支持和保障人民当家作主，更好发挥国家权力机关作用具有重大意义。1982 年宪法规定，“全国人民代表大会设立民族委员会、法律委员会、财政经济委员会、教育科学文化卫生委员会、外事委员会、华侨委员会和其他需要设立的专门委员会”。据此，六届全国人大设立了6个专门委员会。1988年，为加强对司法工作的监督，七届全国人大作出设立内务司法委员会的决定，这是全国人大首次以决定方式对下设机构进行调整。此后，八届全国人大增设了环境与资源保护委员会，九届全国人大增设了农业与农村委员会。十三届全国人大增设了社会建设委员会，并将法律委员会、内务司法委员会分别更名为宪法和法律委员会、监察和司法委员会。每一次调整人大机构设置，都是对当时国家发展所需和人民群众所盼的制度性回应，具有鲜明的时代特色和现实意义。此外，全国人大还两次作出决定，分别批准设立全国人大常委会香港特别行政区基本法委员会、澳门特别行政区基本法委员会。地方人大依照本地实际作出决定，设置了4—8个专门（工作）委员会。党的十九大以来，31个省级人大和不少市县人大及时作出决定，增设了社会建设委员会，河北、山西、山东、云南等4个省的县级人大社会建设委员会覆盖率超过90%。

人大常委会也根据工作需要，对下设工作机构设置等问题作出决定。为履行好人大及其常委会对政府预算的审查、批准和监督职责，使预算审查和监督工作更加专业精准高效，1998年12月，九届全国人大常委会第六次会议决定设立预算工作委员会，作为全国人大常委会的工作机构。地方人大常委会也作出决定决议，设立了法制工作委员会、预算工作委员会等工作机构。

## 四、决定关于改革的重大事项，确保重大改革于法有据

改革开放是决定当代中国命运的关键一招。全国人大及其常委会

贯彻落实党中央重大决策部署，及时就改革中的重大事项作出决定，保证改革和法治同步推进，在法治下推进改革，在改革中完善法治，实现立法与改革无缝衔接。

经济特区是改革开放的试验田和先行地。设立经济特区，实行特殊的经济政策和经济管理体制，对于大力吸收利用外资，引进先进技术和人才，拓展对外贸易，扩大对外经济技术合作与交流，都具有积极作用。1980 年 8 月，全国人大常委会作出决议，批准国务院提出的《广东省经济特区条例》。1981 年 11 月，再次作出决定，授权广东、福建省人大及其常委会制定所属经济特区的单行经济法规。1988 年 4 月，七届全国人大一次会议作出关于建立海南经济特区的决议。1978—2019 年，深圳、珠海、汕头、厦门、海南 5 个经济特区的进出口贸易额由不到 3 亿美元扩大到 4.06 万亿美元左右，占全国进出口贸易总额的比重从 0.4%提高到约 12.9%。历史雄辩地证明，实行改革开放伟大决策，设立经济特区开展先行先试探索，唤醒了中华大地的勃勃生机，激发了中国人民的创造活力，开启了社会主义现代化的新征程。

### 延伸阅读 为什么首先通过《广东省经济特区条例》？

1980 年 8 月 21 日，五届全国人大常委会举行第十五次会议。会议的一项重要议程，就是听取国务院关于在广东、福建两省设置经济特区和《广东省经济特区条例》的说明。设立经济特区在当时还是一个新生事物，社会上有很多不同认识、看法和声音。说明强调：“建设经济特区，在经济上、意识形态上存在着尖锐的斗争，而我们又缺乏经验；同时，目前国内的财力物力也有限。因此，要采取既积极又慎重的方针，准备首先集中精力把深圳经济特区建设好，其次是珠海、厦门、汕头经济特区。”同时还指出，由于办经济特区缺少经验，一下子拿不出一个总的经济特区条例来，因此先搞一个《广东省经济特区条例》。经审议，会议通过了这一条例。

20 世纪 80 年代中期，随着我国以城市为重点的经济体制改革和对外开放不断深化，出现不少新的复杂问题，超出了当时法律法规调整的范围，需要及时作出具有法律效力的规定。但由于缺乏必要的实践经验，由全国人大及其常委会制定或补充、修改法律的条件还不成熟。为应对这一新情况新问题，六届全国人大三次会议决定，授权国务院在经济体制改革和对外开放方面可以制定暂行规定或者条例。根据这一决定，国务院制定了一系列行政法规，保障了经济体制改革和对外开放的顺利进行，同时也为全国人大及其常委会加快经济立法工作积累了经验。

改革开放 40 多年来，中国始终敞开胸怀、拥抱世界，打开国门搞建设。进入新时代，我国经济发展由高速增长阶段转向高质量发展阶段。与此同时，对外开放总体水平不够高，用好国际国内两个市场、两种资源的能力还不够强等问题日益凸显，推动新一轮高水平对外开放刻不容缓。党的十八届三中全会明确提出，加快实施自由贸易区战略，形成面向全球的高标准自由贸易区网络。建立自由贸易试验区，在局部地区率先扩大开放，可以发挥试验田作用，探索可复制和可推广的经验。全国人大常委会先后 4 次作出决定，授权国务院在自由贸易试验区暂时调整有关法律规定的行政审批，保证了先行先试措施于法有据，极大地促进了自由贸易试验区建设。

## 延伸阅读 中国（上海）自由贸易试验区彰显“中国速度”

上海自由贸易试验区建立以来，以制度创新为核心，积极探索、大胆实践，围绕金融、贸易、监管、投资等领域探索创新了一系列行之有效的制度机制，有力推动了自由贸易区建设和发展。短短6年间，上海自由贸易试验区负面清单条目从原来的190条减少到37条，企业注册时间由29个工作日缩短为4个工作日，进口货物通关时间创下了3小时40分的“自贸区速度”。截至2019年7月，区内共有企业85642户，其中内资企业67259户，注册资本50063.60亿元人民币；外资企业18383户，注册资本2874.23亿美元。

2013年9月29日，中国（上海）自由贸易试验区正式启动运行，首批入驻企业在挂牌仪式上领取证照。（新华社记者　陈飞摄）

设立监察委员会是我国政治制度、监察制度的一项重大改革。2016 年 1 月 12 日，习近平总书记在十八届中央纪委六次全会上发表重要讲话，强调要坚持党对党风廉政建设和反腐败工作的统一领导，扩大监察范围，整合监察力量，健全国家监察组织架构。2016 年 6 月至 10 月，习近平总书记先后 6 次主持召开中央全面深化改革领导小组会议、中央政治局常委会会议和中央政治局会议，对推进国家监察体制改革作出部署和指示。

2016 年 10 月，习近平总书记亲自确定北京、山西、浙江三个试点省市，强调通过试点，发挥示范带头作用，积累经验。2016 年 12 月 25 日，十二届全国人大常委会第二十五次会议通过《关于在北京市、山西省、浙江省开展国家监察体制改革试点工作的决定》。经过大胆探索、积极创新，3 个试点省市形成了许多可复制可推广的宝贵经验。

2017 年 10 月，习近平总书记在党的十九大报告中指出："深化国家监察体制改革，将试点工作在全国推开，组建国家、省、市、县监察委员会，同党的纪律检查机关合署办公，实现对所有行使公权力的公职人员监察全覆盖。"①

在三省市先行改革试点工作的基础上，2017 年 10 月 23 日，中共中央办公厅印发《关于在全国各地推开国家监察体制改革试点方案》。2017 年 11 月 4 日，十二届全国人大常委会第三十次会议通过《关于在全国各地推开国家监察体制改革试点工作的决定》。20 天后，内蒙古自治区包头市青山区监察委员会成立并挂牌，成为全国首个挂牌成立的旗（县、区）级监察委员会。此后，各地监察委员会组建步伐

① 习近平：《决胜全面建成小康社会 夺取新时代中国特色社会主义伟大胜利——在中国共产党第十九次全国代表大会上的报告》，人民出版社 2017 年版，第 67—68 页。

不断加快。3 个多月的时间里，全国省、市、县三级监察委员会全部完成组建，为组建国家监察委员会打下了坚实基础。

中华人民共和国国家监察委员会外景。（新华社发）

2018 年 3 月 11 日，十三届全国人大一次会议表决通过宪法修正案，专门增写监察委员会一节，确立监察委员会作为国家机构的宪法地位。3 月 17 日，大会审议通过国务院机构改革方案，将监察部并入新组建的国家监察委员会；3 月 18 日，大会选举产生国家监察委员会主任；3 月 20 日，大会审议通过了《监察法》，对监察机关及其职责、监察范围和管辖、监察权限、监察程序、反腐败国际合作、对监察机关和监察人员的监督、法律责任等作出全面规定。3 月 21 日，十三届全国人大常委会第一次会议任命了国家监察委员会的副主任和委员；3 月 23 日，国家监察委员会在北京正式揭牌。至此，国家、省、市、县四级监察委员会全部组建产生，在党和国家机构建设史和纪检监察史上具有里程碑意义，监察体制改革由试点迈入全面深化新阶段。

地方人大及其常委会在推进全面深化改革进程中，也根据本行政区域实际及时作出决定决议，以法治方式保障和支持改革，为地方经济发展提供新动能。山西是我国重要的综合能源基地，2019 年 9 月，为深入贯彻中央全面深化改革委员会《关于在山西开展能源革命综合改革试点的意见》和省委决策部署，确保重大改革于法有据，山西省十三届人大常委会第十三次会议作出《关于支持和保障能源革命综合改革试点工作的决定》。该决定阐述了开展改革试点的意义、原则、目标和任务，明确了各级人大、“一府一委两院”和全社会的职责，建立了相应的激励机制。同时，该决定第八条规定，“对在推进能源革命综合改革试点中出现工作失误，但有关单位和个人依照国家和本省有关规定决策、实施，且勤勉尽责、未牟取私利，及时校正工作失误，主动挽回损失、清除不良影响或者有效阻止危害结果发生的，不作负面评价，依法依规免除相关责任”。对于该决定的出台，当地干部纷纷点赞：“这样的规定营造出鼓励改革创新的政策氛围，又给改革者吃下了‘定心丸’，让大家轻装上阵。”

## 五、决定事关人民群众切身利益的重大问题，满足人民群众日益增长的美好生活需要

重大建设项目投资多、周期长、涉及面广、技术复杂，是经济社会发展中的大事，与人民群众的切身利益息息相关。全国人大及其常委会曾多次就重大建设项目进行讨论，并在必要时作出决定。

为了黄河安澜、造福人民，1955 年 7 月，一届全国人大二次会议审议通过了《关于根治黄河水害和开发黄河水利的综合规划的决议》。这是全国人大历史上第一次审议和批准重大建设项目，意义重大、影响深远。对这个项目要不要提请全国人大审议，当时曾有不同意见。时任全国人大常委会委员长刘少奇提出，根治黄河是一件大事，应当提交全国人大讨论，毛泽东同志也表示支持。把根治黄河这样关系黄河沿岸广大人民群众切身利益的大事提交全国人大审议，为人大工作开创了一个很好的先例。

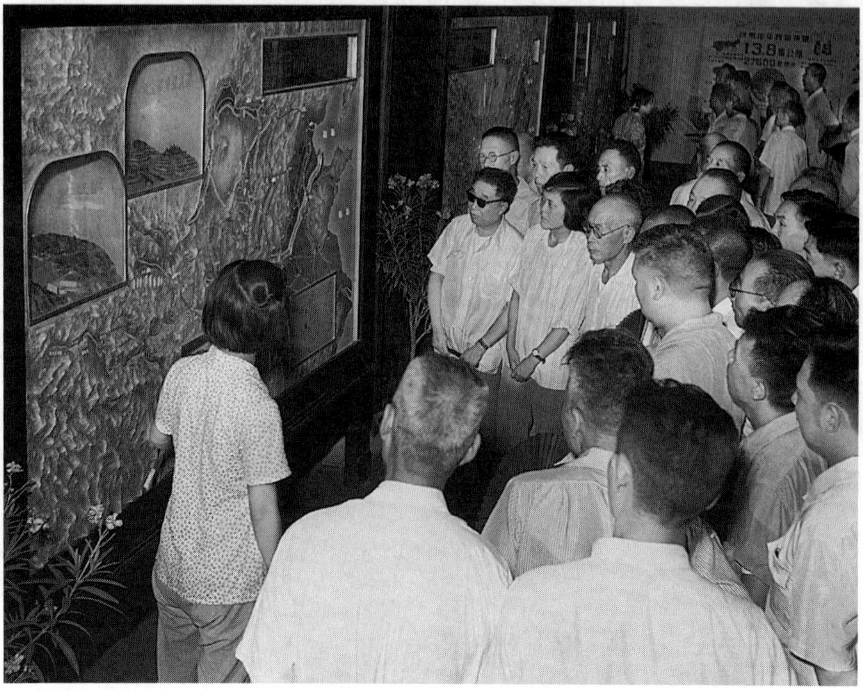

1955 年 7 月，一届全国人大二次会议期间，全国人大代表参观根治和开发黄河的模型展览。（新华社记者　钱嗣杰摄）

地方人大及其常委会也根据当地实际，确定重大项目标准，及时作出批准建设决定。2019 年 2 月，江苏省泰州市人大常委会首次票决市政府重大投资项目。按照市人大常委会制定的关于政府重大投资项目监督办法，基础设施类投资额1亿元以上、非基础设施类投资额5000万元以上的政府投资建设项目，由市人大常委会审查批准。提交这次会议审查的10个项目总投资达72亿元，经逐一表决，全部通过。由人大常委会审查批准重大项目，有利于加强对政府重大投资项目的监督，规范政府的投资行为，使重大投资项目的质量和效益更加显著，更加贴近人民群众需要。

民生实事项目代表票决是近年来许多地方人大特别是基层人大行使重大事项决定权的新举措。在地方党委领导下，政府在广泛听取、充分吸收人民群众意见的基础上提出民生领域候选项目，经本级人民代表大会投票决定后，由政府组织实施，并接受人大代表和人民群众监督和评价。这项制度一改以往政府决策自己拍板、项目自己实施的“封闭式管理”，实现了从“替民作主”到“由民作主”的转变。这一制度发轫于浙江，截至2018年底，浙江全省11个设区市、89个县(市、区)、907个乡镇均实施了民生实事项目代表票决制，共提交候选项目8815个，表决通过项目7024个，累计投资额达3449亿元。目前，民生实事项目代表票决制已在全国大部分省、自治区、直辖市推广实行。

### 延伸阅读 民生“小事”背后的大政治

民生项目建设往往政府投入巨大，但有时候人民群众并不“买账”。把关乎人民群众切身利益的项目交给代表决定，并自觉接受代表监督，不仅有助于消除政府与群众间的隔阂，还有利于防止出现“形象工程”，确保真正把实事办到人民的心坎上。“票决制通过的项目，推进会顺利很多。大家在商量和票决的过程中，逐渐弥合了利益上的差距，同时因为票决有法律效力，政府也重视。”杭州市人大常委会有关负责同志这样评价。

浙江省宁波市宁海县大佳何镇人大代表票决政府实事工程。（陈建安摄）

生态兴则文明兴。生态文明建设关系中华民族永续发展，关系亿万中国人民的福祉。党的十八大以来，以习近平同志为核心的党中央高度重视生态文明建设，作出了全面部署，生态环境建设取得显著成效。但我国生态环境保护面临的形势依然严峻，资源约束趋紧、环境污染严重、生态环境退化成为摆在眼前的重大课题，避无可避，必须迎难而上。

生态环境没有替代品，用之不觉，失之难存。2018 年 7 月，十三届全国人大常委会增开专门会议，作出《关于全面加强生态环境保护依法推动打好污染防治攻坚战的决议》，以法律的武器治理污染，用法治的力量保护生态环境。该决议的出台，贯彻落实了党中央关于打好污染防治攻坚战的决策部署，回应了人民群众对生态文明建设的关切，起到了良好的示范效应。此后，湖南、湖北、广东、贵州、南京、深圳等地方人大常委会也结合实际，相继作出了关于依法推动打好污染防治攻坚战、推进水污染防治等内容的决定决议，对抓好本地区污染防治、生态建设工作作出部署和具体规定，为满足人民群众的优美生态环境需要作出努力。

深入开展法治宣传教育，弘扬社会主义法治精神，建设社会主义法治文化，增强全社会厉行法治的积极性和主动性，形成守法光荣、违法可耻的社会氛围，需要绵绵用力、久久为功。1985 年 11 月，全国人大常委会作出《关于在公民中基本普及法律常识的决议》，决定集中力量对全体公民进行比较系统的法律常识教育。此后，全国人大

唐山市北港边防派出所民警在为辖区北港小学的学生讲解法律知识。(新华社发)

常委会 9 次就加强法制宣传教育作出决议，大力推动法治宣传教育。北京、山西、江苏、陕西、山东、福建、四川等省级人大常委会也相继出台了五年法治宣传教育的决议，有力推动全社会法治观念明显增强，社会治理法治化水平明显提高，为服务经济社会发展、维护社会和谐稳定、建设社会主义法治国家发挥了重要作用。

# 第九章

# 依法行使选举和决定任免权

各级人大及其常委会依法行使选举和决定任免权，是保证党组织推荐的人选成为国家机关领导人员、保证国家政权真正掌握在人民手中的重要职权。在我国，人民是国家的主人，国家机关工作人员是人民的公仆。人民通过人民代表大会选举或者决定任免公仆，既是国家机关工作人员权力合法性、权威性的来源和法律保障，也是我国政权人民性的集中体现。习近平总书记指出："一切国家机关工作人员，无论身居多高的职位，都必须牢记我们的共和国是中华人民共和国，始终要把人民放在心中最高的位置，始终全心全意为人民服务，始终为人民利益和幸福而努力工作。"①

## 一、人大行使选举或者决定任免权的范围

各级人大及县级以上各级人大常委会选举或者决定任免国家工作人员的规定主要集中在《宪法》和《全国人民代表大会组织法》、《地方组织法》之中。从中央层面看，由全国人民代表大会选举产生的包括：中华人民共和国主席、副主席，全国人大常委会委员长、副委员

① 习近平：《在第十三届全国人民代表大会第一次会议上的讲话》，人民出版社2018年版，第2页。

长、秘书长、委员，中央军事委员会主席，国家监察委员会主任，最高人民法院院长，最高人民检察院检察长。由全国人民代表大会根据提名、决定人选的情形包括：根据国家主席的提名，决定国务院总理的人选；根据国务院总理的提名，决定国务院副总理、国务委员、各部部长、各委员会主任、审计长、秘书长的人选；根据中央军事委员会主席的提名，决定中央军事委员会其他组成人员的人选。

### 延伸阅读　习近平全票当选中华人民共和国主席

2018年3月17日，十三届全国人大一次会议第五次全体会议在北京人民大会堂举行。这次会议将选举产生新一届中华人民共和国主席。9时23分选举正式开始，监票人首先对设置在会场的28个电子票箱、电子选举系统进行检查。接着，工作人员开始分发选票。4张不同颜色的选举票分发到每一位代表手中，分别用汉文和7种少数民族文字印制。9时41分总监票人、监票人开始投票，之后代表们开始投票。投票结束后，总监票人报告了发出和收回选票的情况，选举有效。工作人员宣读计票结果，计票结果显示，习近平全票当选中华人民共和国主席。

在全国人民代表大会闭会期间，常委会可以依法行使决定任免权，包括：根据国务院总理的提名，决定部长、委员会主任、审计长、秘书长的人选；根据中央军事委员会主席的提名，决定中央军事委员会其他组成人员的人选；根据国家监察委员会主任的提请，任免国家监察委员会副主任、委员；根据最高人民法院院长的提请，任免最高人民法院副院长、审判员、审判委员会委员和军事法院院长；根据最高人民检察院检察长的提请，任免最高人民检察院副检察长、检察员、检察委员会委员和军事检察院检察长等。

从地方层面看，地方各级人大及其常委会依法行使对本级国家机关领导人员的选举或者决定任命权。包括：县级以上地方各级人大选举本级人大常委会的组成人员，选举本级人民政府正副职领导人员，选举本级监察委员会主任、人民法院院长和人民检察院检察长等；乡镇人大选举本级人大主席、副主席，选举乡长、副乡长，选举镇长、副镇长等。县级以上地方各级人民代表大会闭会期间，其常委会决定本级人民政府副职的个别任命；根据本级人民政府正职领导人员的提名，决定本级人民政府秘书长、厅长、局长、委员会主任、科长的任命等。

2016 年 5 月 31 日，拉萨市堆龙德庆区德庆乡第一届人民代表大会选举产生新一届乡领导班子。（新华社记者　普布扎西摄）

选举时，候选人由本级人民代表大会主席团或者法定数额以上的代表联合提名；投票表决时对候选人有选择性，如果认为候选人不能胜任职务，或者有更好人选，还可以另选他人。决定任命不具有选择性，只是对被提名的人选表示同意、反对或弃权，不能另选他人。

## 二、经过法定程序使党组织推荐的人选成为国家政权机关的领导人员

“为政之要，莫先于用人。”坚持党管干部原则，是坚持党的全面领导的重要内容，是人大进行任免工作的重要原则，什么时候都不能动摇。人大依法行使选举或者决定任免权要处理好同党管干部原则的关系，充分发扬民主，严格依法办事，经过法定程序使党组织推荐的人选成为国家机关的领导人员。

从各地实践情况看，党组织推荐的人选经过法定程序没有当选的情况比较少见。一些人就评论说，人大及其常委会行使选举和决定任免权，只不过是走走过场，这其实是一种误解。许多地方人大常委会在正式人选议案提交人大审议前，一般先与本级党委有关部门加强沟通，及时对接、全程跟进，做到了解人选“真摸底”，提出建议“真管用”，增强人大行使职权的严肃性和权威性。一些地方还制定出台了专门的规范性文件，进一步提升做好选举和决定任免工作的水平。

地方在选举、任命前，保证人大代表和常委会组成人员的知情权，规范被推荐人选与代表委员见面的程序；有的还采取任职资格审查、法律知识考试、经济责任审计、任前询问和述职、民意测评等方式，全面了解拟选举、任命人员的基本情况、素质能力和法律意识，

真正做到面对面选举任命。

各地方在选举或者决定任免过程中，认真对待和研究人大代表、人大常委会组成人员对有关人选提出的意见，充分尊重和保障人大代表依法联名提出候选人的权利，对人大选举、表决结果给予充分尊重。

2015 年 6 月，中共中央转发《中共全国人大常委会党组关于加强县乡人大工作和建设的若干意见》，对基层人大做好选举和任免工作提出了明确要求。近年来，地方各级人大及其常委会认真落实党中央部署要求，在做好选举和任免工作中探索创新，不断细化和健全各项制度机制，在本级党委的领导下充分发挥国家权力机关作用，确保国家机关领导人员和工作人员有序更替。

## 三、从国家权力机关角度加强对经选举和决定任命的国家公职人员的监督

公权力姓公，也必须为公。加强对经人大选举和决定任命人员的履职监督，是各级人大及其常委会行使选举和任免权的一项重要内容。邓小平同志曾经感慨："为什么过去很困难的局面我们都能渡过？根本的问题是我们的干部、党员同人民群众一块苦。"① 为了增强经选举和任命人员的公仆意识、法治意识、责任意识，很多地方在选举、任命时进行公开承诺、任职表态、宪法宣誓等活动，选举、任命后还采取述职评议、满意度测评、当面约谈等方式，真正把每个人的积极性、主动性、创造性激发出来，督促和推动经选举、任命人员恪尽职

① 《邓小平文选》第二卷，人民出版社 1994 年版，第 217 页。

守、为民尽力。

### 延伸阅读 重庆市北碚区的“双满意度测评”

2016年7月，重庆市北碚区人大常委会审议通过《关于区人民政府、区人民法院、区人民检察院工作人员任后监督暂行办法》，明确规定对专项工作和任命干部履职情况进行“双满意度测评”。

人民公仆的权力是人民赋予的。人民有权通过人大选举或决定任命国家机关领导人员，而当这些经选举或者任命的国家公职人员辜负了人民信任，没有履行好法定职责，不能很好代表人民意志，甚至违法犯罪走向人民的对立面时，人民还有权通过人大采取免职、撤职、罢免等形式免除他们的职务。唯有如此，才能让国家公职人员时刻牢记，手中的权力是人民赋予的，只能为人民谋利益。

# 第十章 集体行使职权，集体决定问题

人民代表大会制度实行以来，适应行使职权的需要，按照民主集中制原则，全国人大及其常委会建立起一套与其性质、地位和运行相适应的组织制度和议事规则。这套制度的突出特点是充分发扬民主，严格依照法定程序，集体行使职权，集体决定问题，这样可以保证议事质量和效率，提高科学决策、民主决策、依法决策水平，更好地保证人民当家作主、维护人民根本利益。

## 一、全国人大及其常委会的组织架构既体现广泛的民主性、代表性，又便于议事和工作

人大及其常委会是全面担负宪法法律赋予各项职责的工作机关，也是同人民群众保持密切联系的代表机关。全国人大及其常委会的设置，既要便于召集会议、讨论决定问题，保证协调高效运转；又要有利于保持同人民群众的密切联系，全面了解和反映人民的意愿和心声。

### （一）全国人民代表大会是最高国家权力机关

全国人大代表是全国人大的组成人员，十三届全国人大成立时共有代表 2980 人，由省、自治区、直辖市、香港特别行政区、澳门特别行政区和中国人民解放军等 35 个选举单位选举产生。全国人大会

议期间，全国人大代表按照选举单位，分为35个代表团，进行审议，开展活动。为及时处理会议期间的重要问题、保证大会顺利进行、圆满完成各项议程，会议期间设置大会主席团。主席团由全国人大代表选举，主要任务是主持会议、提出议案。大会还设立秘书处，办理主席团交付的事项和做好会议组织服务工作。

全国人大实行任期制，届满依法重新选举产生。定期选举人大代表，实现国家权力机关有序更迭，是人民监督人大及其常委会的重要制度安排。现行宪法规定全国人大每届任期5年，任期届满的两个月前，选举产生下一届全国人大代表。七届全国人大以来，每届第五次会议都要作出关于下届代表名额和选举问题的决定。全国人大常委会主持选举产生新一届全国人大代表，保证国家政治生活的正常运转。

### 延伸阅读　全国人大的任期是怎样逐步规范、完善的？

1954年宪法规定，全国人大任期为4年。配合五年计划制定、审议和实施，1975年宪法将全国人大任期修改为5年。1982年宪法延续了这一规定。20世纪50年代后期至70年代末期间，由于国家政治生活不能正常开展，全国人大的实际任期与宪法规定不一致，三届全国人大任期长达10年，而四届全国人大只有3年1个月。七届全国人大以来都严格按照宪法规定，一律为5年。

宪法对全国人大的职权作出明确规定，共16项，通常将人大的职权归纳为“四权”，即立法权、监督权、选举任免权、重大事项决定权。通过人大依法行使职权，保证全国各族人民牢牢把国家政权掌握在自己手中，保证全体人民的根本利益得到实现。

### （二）全国人大常委会是全国人民代表大会的常设机关

全国人大有近3000名代表，大多数代表都有自己的本职工作，不便于经常开会议事，所以一般每年召开一次会议，会期一般为10—15天。为保证最高国家权力机关及时对国家的重大问题作出决定、行使职权，全国人民代表大会设立常委会，作为它的常设机关，在全国人大闭会期间依照宪法和法律规定行使职权。全国人大常委会组成人员的人数相对比较少，便于经常开会、讨论决定问题，可以进行繁重的、经常性的立法工作和其他工作。全国人大通过修改宪法、制定法律、作出决议，赋予常委会立法、监督、人事任免、重大事项决定等方面的职权，保证了国家权力机关能够经常、有效地运行。全国人大常委会每届任期同全国人大相同，但两者任期的起止时间略有不同。新的一届全国人大一次会议召开时，上届全国人大任期即告结束，全国人大常委会继续行使职权到新的一届全国人大常委会产生为止。

全国人大常委会由委员长、副委员长若干人、秘书长、委员若干人组成。一、二届常委会组成人员为79名，三届为115名，四届为167名，五届为196名，六届至九届为155名，十届至十三届为175名。常委会组成人员被称为“代表中的代表”，由全国人大选举产生，1988年以前实行等额选举，从七届全国人大一次会议开始实行差额选举。为了保证常委会组成人员能够集中精力从事人大工作，保证全国人大常委会对其他国家机关工作进行有效的监督，避免“角色冲突”，全国人大常委会组成人员不得担任国家行政机关、监察机关、审判机关和检察机关的职务；如果担任上述职务，必须辞去常委会组成人员职务。

## 延伸阅读 全国人大代表、全国人大常委会组成人员的数量多不多？

从绝对数来看，我国的全国人大代表名额近3000人，比大多数国家的议会组成人员都多。但按全国人口平均计算，大约每46万人才产生1名全国人大代表。全国人大常委会组成人员175人，每800万人才产生1名全国人大常委会组成人员，1名全国人大常委会组成人员所代表人口数，相当于1个西方中等国家的人口总数。因此，我们的全国人大代表数、全国人大常委会组成人员数合理，这符合中国国情，体现了广泛的代表性。

全国人大常委会由全国人大产生，对全国人大负责，受全国人大监督。这种监督是多层次、全方位的。在每年的全国人大会议上，全国人大常委会都要报告工作，请代表们审议，并由大会作出决议；全国人大有权改变或者撤销全国人大常委会作出的不适当决定，包括常委会制定的法律、作出的决定决议；全国人大选举产生并有权罢免全国人大常委会组成人员。

### （三）委员长会议负责处理常委会的重要日常工作

委员长会议由委员长、副委员长、秘书长组成。委员长会议通过会议形式处理常委会的重要日常工作。主要职责包括：决定常委会会议的会期，拟定会议议程草案；向常委会提出议案，讨论决定其他有提案权的主体提出的议案和质询案交由专门委员会审议或者提请常委会会议审议。同时，委员长会议还负责制定常委会年度工作要点和专项工作计划，指导和协调各专门委员会的日常工作。委员长主持全国人大常委会工作。

（四）专门委员会协助全国人大及其常委会行使职权

专门委员会是全国人大的常设工作机构，受全国人大领导，在全国人大闭会期间受全国人大常委会领导。各专门委员会由主任委员、副主任委员若干名和委员若干名组成，其人选由主席团在代表中提名，大会通过。全国人大闭会期间，全国人大常委会可以补充任命专门委员会个别副主任委员和部分委员。各专门委员会主要职责包括研究、审议和拟定有关议案，组织开展执法检查、调查研究等。

（五）全国人大机关为全国人大及其常委会行使职权提供参谋服务保障

为了保证全国人大及其常委会依法履行职责，根据《全国人民代表大会组织法》和有关法律规定以及实际需要，常委会设立了工作机构和办事机构，作为全国人大及其常委会的集体参谋助手和服务班子，包括办公厅、法制工作委员会、预算工作委员会、香港基本法委员会和澳门基本法委员会，以及各专门委员会办事机构。

**延伸阅读** 全国人大及其常委会包括哪些机构？

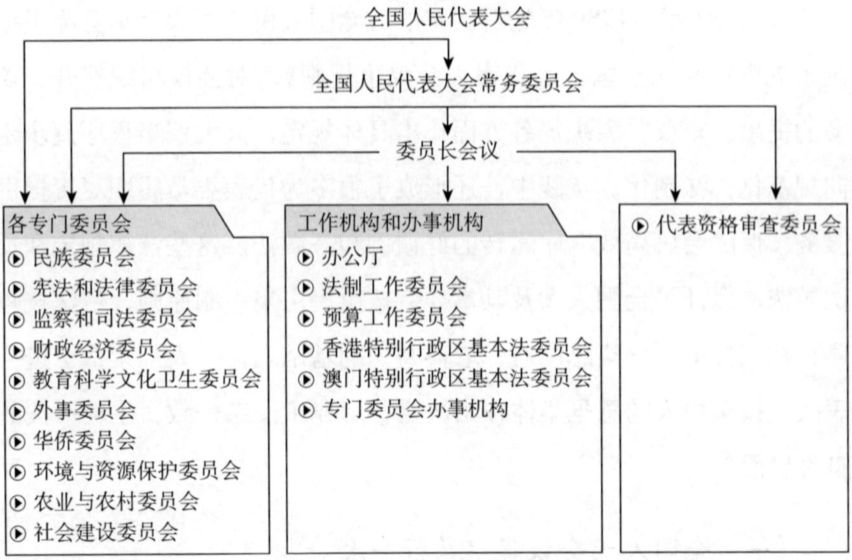


全国人民代表大会组织结构图

## 二、全国人大及其常委会主要通过会议的形式，依法按程序决定问题，按照多数人意见作出决定

在我国这样一个人口众多、幅员辽阔的大国，平衡利益、协调各方的难度很大，在作出决策前充分协商、形成共识很关键。人大的各项工作，需要充分发扬民主，保障代表和常委会组成人员充分表达人民意见，反映人民意愿，维护人民利益，同时又要保证工作效率，避免议而不决。

全国人大及其常委会成立之初，《宪法》和《全国人民代表大会组织法》即对议事程序的主要方面作了规定，按规矩、走程序成为“硬杠杠”，并在实践中不断完善发展。党的十一届三中全会后，人民代表大会制度得到恢复和发展。1982 年宪法和《全国人民代表大会组织法》，1987 年、1989 年先后制定的《全国人民代表大会常务委员会议事规则》和《全国人民代表大会议事规则》，对会议组织召开，议案的提出、审议、表决等各方面作出具体规定，人大议事程序逐步走向规范化、法制化。实践中，还形成了很多为代表委员履职尽责提供服务、保障会议高效有序运转的好惯例和好做法。这些法律规定和惯例做法，保证了全国人大及其常委会按照民主集中制原则，依法按程序，在充分审议、集思广益、取得共识的基础上，一人一票依法进行表决，按多数人的意见集体作出决定，形成了团结一致、生动活泼的良好局面。

### （一）全国人大会议每年举行一次

全国人民代表大会每年举行一次会议，由全国人大常委会召集，每届全国人大第一次会议，由上届全国人大常委会召集。时间是伟大的书写者，也见证了极不平凡的奋斗历程。从 1954 年到 2020 年，全国人大共召开 54 次会议。这些会议的会期，由会议审议讨论的议程决定，最长的一届全国人大二次会议是 26 天，最短的四届人大一次会议只有 5 天。十三届全国人大一次会议于 2018 年 3 月 5 日至 20 日召开，会期共 15 天半，为近 20 年来最长的一次。主要是因为这次会议有换届选举任务，在大会常规的议程之外，需要选举任命国家机关领导人员、审议批准国务院机构改革方案，还需要审议通过宪法修正案和《监察法》等重要法律。

## 延伸阅读 全国人民代表大会会议什么时间召开？

全国人民代表大会会议具体在什么时间召开，宪法没有明确规定。实践中，会议召开时间从第一季度到第四季度都有。起草 1982 年宪法时，是否固定全国人大会议开会的日期，成为讨论的热点问题。不少人要求具体规定全国人大会议的会期，原来准备定为每年第四季度或第一季度，后来考虑到在宪法中规定了就要确保实行，关键是国务院能不能按期提出国民经济计划、预算和预算执行情况。事实上新中国成立以来，计划和预算很少是在第一季度或前一年的第四季度提出的，写了不执行就违宪，因此草案只写了每年开会一次，未规定会期。

1982 年宪法施行以来，全国人大每年举行会议的时间逐步提前并基本固定下来。从 1985 年到 1989 年连续 5 次会议都是在当年 3 月下旬召开的。1989 年制定的《全国人民代表大会议事规则》，根据代表意见和实际情况，明确规定全国人大会议于每年第一季度举行。自 1998 年九届全国人大一次会议起，全国人大会议一般在每年的 3 月 5 日开幕。2020 年，受新冠肺炎疫情影响，十三届全国人大三次会议推迟到 5 月 22 日至 28 日召开，这是极为特殊的情况。根据疫情防控工作实际，适时推迟全国人民代表大会会议举行时间，符合宪法原则和精神。

### （二）全国人大常委会召集全国人民代表大会会议，做好会议各项准备工作

全国人大常委会要在全国人大会议举行前一个月，将开会日期和

建议会议讨论的主要事项通知代表，并将准备提请会议审议的法律草案发给代表。1991 年 2 月 25 日，七届全国人大常委会第十八次会议在开幕的当天，就作出关于召开七届全国人大四次会议的决定，将会议开幕时间确定为 3 月 25 日，这打破了常委会在闭幕会上通过议案决定的惯例，就是为了保证在一个月前作出决定并通知代表，确保符合法律规定。近年来，关于召开大会的决定都在前一年 12 月召开的常委会会议上作出，为全国人大代表和各有关单位做好会议准备提供了更充裕的时间。除了决定召开大会，常委会还要在大会召开前，做好提出会议议程草案、提出主席团和秘书长名单草案、决定列席会议人员名单等准备工作。为提高审议质量，近年来常委会还通过各种方式组织代表提前审阅讨论拟提请大会审议的法律草案。

### （三）全国人民代表大会会议的主要任务

全国人大会议的议程，有些是常规的“固定动作”，如审议全国人大常委会、“一府两院”工作报告，审查批准计划草案、预算草案等。近年来，每年大会还安排审议 1 部至 2 部重要法律草案。在每届全国人大一次会议上，还要选举和决定任命国家机构组成人员、审议国务院机构改革方案等。

#### 延伸阅读 哪些主体可以向全国人民代表大会提出议案？

全国人民代表大会主席团、全国人大常委会、全国人大各专门委员会、国务院、中央军事委员会、最高人民法院、最高人民检察院，一个代表团或者 30 名以上的代表联名，可以向全国人大提出属于全国人大职权范围内的议案。除主席团提出的议案外，其他议案是否列入大会议程，由主席团决定。

### （四）代表出席大会各种会议，审议讨论议案报告

参加代表大会全体会议、代表团全体会议、小组会议，审议列入大会议程的各项议案和报告，是代表依法行使参与管理国家事务职权的主要方式。全国人大代表多、会期短，需要审议讨论的议案多，为此建立起一套规范高效的议事规则。会议期间召开全体会议、代表团全体会议和小组会议等，为代表发表意见、讨论交流提供条件。

召开全体会议时，全体代表出席，听取各项工作报告，听取法律草案的说明，选举国家机关领导人员，表决各项议案。大会审议讨论议案主要依托代表团全体会议和小组会议。代表团全体会议由代表团所有代表参加。人数多的代表团还可以分成若干小组，各小组分别举行会议进行审议。有的代表团人数较少，如青海、宁夏、澳门等都在 20 人左右，一般不再分组审议。在代表团全体会议和小组会议上，代表充分发表意见、讨论议题，是大会审议的重要形式。此外，在大会召开前，全体代表还要出席预备会议，选举主席团和秘书长；通过会议议程和其他决定。

有的人认为代表在审议中提出的意见建议，没有什么实质作用。实际上，代表在审议中提出的重要意见建议都反映在相关报告、议案修改完善和监督工作中。代表大会审议议案时，相关部门会安排工作人员到会听取意见，并认真研究采纳；没有采纳的，也通过适当方式进行反馈。十三届全国人大二次会议上，根据全国人大代表在审议中提出的意见建议，《政府工作报告》作了 83 处修改，篇幅增加了 800 多字。代表提出的意见建议，汇总整理送相关部门，作为加

强和改进工作的重要参考。这充分说明，全国人大代表的意见，对全国人大作出的决定具有重要意义，在全国人大工作中发挥着重要作用。

延伸阅读 代表的意见建议是如何影响法律草案修改完善的？

《立法法》是规范所有立法行为的法，也被称作“管法的法”。2015年3月，十二届全国人大三次会议审议《立法法修正案（草案）》。为让代表提前了解熟悉修正案草案内容，会前把全国人大常委会审议的二次审议稿印发给代表，其中一条规定：“税种、纳税人、征税对象、计税依据、税率和税收征收管理等税收基本制度只能由法律规定。”3月8日，正式印发的草案中关于只能由法律规定的税收基本制度不包括“税率”等税制基本要素。很多代表对此反映强烈，要求在条文中将“税率”等税制基本要素予以明确列举。法律委员会认真研究采纳代表意见，将这一项的表述修改为：“税种的设立、税率的确定和税收征收管理等税收基本制度”，并将这一修改情况在关于《立法法修正案（草案）》审议结果的报告中向大会作了说明。最后，大会通过的文本中体现了这一规定。

### （五）全国人大常委会一般每两个月举行一次会议

全国人大常委会成立初期，会期不固定，有重要事情讨论就举行会议。一届全国人大常委会共开了110次会议，二届全国人大常委会共开了137次会议。这一时期的常委会会议一般会期都较短，有的只召开一天甚至半天，议程也较少。如二届全国人大常委会第十四次会议于1960年2月11日召开，听取水利电力部关于1959年水利电力建设成就和1960年工作任务的报告。1987年，为便于人大常委会组成人员依法行使职权，提高常委会的议事效率，结合五届全国人大以来常委会工作的实践经验，全国人大常委会议事规则明确规定，常委会会议每两个月举行一次，有特殊需要时，可以临时召集常委会会议。实践中，全国人大常委会会议通常都在双月下旬召开。截至2020年6月，十三届全国人大常委会已临时召开过5次会议。分别是：2018年7月，召开会议听取审议大气污染防治法执法检查报告并开展专题询问，作出《全国人大常委会关于全面加强生态环境保护依法推动打好污染防治攻坚战的决议》；2019年1月，召开会议审议《外商投资法（草案)》，并决定将这部法律草案提请十三届全国人大二次会议审议；2019年9月，召开会议作出授予国家勋章和国家荣誉称号的决定；2020年5月，召开会议为十三届全国人大三次会议作准备；2020年6月，召开会议审议通过《香港特别行政区维护国家安全法》等。

### （六）提前做好准备工作，保证常委会会议高效有序运行

全国人大常委会议事规则对常委会会议的召开作了规定，经过多年实践完善，常委会会议的准备工作形成了一套成熟的做法。一般在双月上旬召开常委会秘书长办公会议，听取讨论常委会会议议程草案和日程安排草案，听取有关部门关于相关议案准备情况的汇报。这些议程草案和日程安排意见一般由常委会工作机构根据常委会工作要点、立法、监督工作计划和有关机关报送议案情况等提出。秘书长办公会议研究讨论后，报请委员长会议审议决定。然后将确定的会议日期、地点、拟定的议程草案通知常委会组成人员和列席人员，并向社

会发布相关信息。常委会工作机构同时还会提前将提请常委会审议的法律案等议案和相关报告印送常委会组成人员和列席人员。这样做，便于常委会组成人员提前开展调查研究，听取人民群众意见建议，提高常委会会议审议效率和质量。

### （七）合理安排议程日程，兼顾民主和效率

常委会会议审议讨论的议题通常涉及法律案、国际条约和协议、工作报告、执法检查报告、出访报告、任免案等。近年来，随着我国社会主义民主法治建设的推进，常委会工作日益增多，每次会议的议程都安排得很紧凑。为保证各项议题得到充分审议，每次常委会一般安排 3—4 次全体会议，每项重要议案或报告安排半天分组审议。会议第一个半天是全体会议，主要听取法律案的说明或修改情况的汇报、审议结果的报告，会议中期会安排 1 次或 2 次全体会议，主要听取执法检查报告、“一府一委两院”有关工作报告等；最后的一次全体会议，主要是对各项议案进行表决。

#### 延伸阅读 一次全国人大常委会会议有哪些议程？

2019 年 10 月，十三届全国人大常委会第十四次会议召开，会期 6 天，会议议程共 23 项，主要有：审议法律草案 8 件，涉及《密码法》、《民法典婚姻家庭编》、《森林法》、《社区矫正法》、《生物安全法》、《未成年人保护法》、《预防未成年人犯罪法》、《档案法》的制定修改。审议有关法律问题和重大问题的决定草案 3 件，涉及国家监察委员会制定监察法规、授权国务院在自由贸易试验区暂时调整实施有关法律规定、授权澳门特别行政区对横琴口岸澳方口岸区及相关延伸区实施管

辖等问题。审议执法检查报告和“一府两院”有关工作报告5件，还听取审议了4个专门委员会关于议案审议结果的报告、出访报告、代表资格审查报告和任免案。

### （八）常委会组成人员分组审议议案报告，充分发表意见建议

常委会会议分为全体会议、分组会议和联组会议三种形式。全体会议由所有常委会组成人员和列席人员参加。2020年，因为新冠肺炎疫情防控工作需要，部分常委会组成人员和列席人员以视频方式出席全体会议。分组会议是把常委会组成人员和列席会议的专门委员会组成人员、地方人大常委会负责同志、全国人大代表分成若干小

2019年10月23日上午，十三届全国人大常委会第十四次会议在人民大会堂举行第二次全体会议。（中国人大网供图　冯涛摄）

组，按照日程安排对议案和报告进行审议。分组会议是审议的主要方式，各项议案和报告几乎都是通过分组会议的形式完成审议程序。过去，常委会会议的分组审议分成 4 个小组。自九届全国人大开始，分组审议分为相对固定的 6 个小组，每个小组的人员总数减少，每位同志发言时间可以多一些。在分组会议上，大家能够充分发表意见，深入讨论，有利于统一认识，形成共识。联组会议分为小联组会议和大联组会议，小联组会议由 2—3 个小组构成，大联组会议由 6 个小组构成。主要是对议案和报告所涉及的主要问题，特别是有意见分歧的问题，展开进一步的讨论，使审议更加深入，求得比较一致的意见。九届全国人大常委会第十九次会议审议《婚姻法修正案（草案)》时，采用过大联组会议形式，对《婚姻法》涉及的重要问题进行深入审议。十一届全国人大以来，常委会多次采用联组会议形式进行专题询问。

### （九）表决议案报告，按照多数人的意志作出决定

表决是以法定形式将代表个体意志转换为集体意志，上升为国家意志的重要途径。

大会、常委会表决时，每位代表、常委会组成人员都有平等的表决权，无论是委员长、副委员长、秘书长，还是其他代表委员，都是一人一票，按照少数服从多数的原则作出决定。大会表决议案，除宪法的修改由全体代表的 2/3 以上的多数通过外，一般由全体代表的过半数通过。全国人大常委会表决议案，获得过半数赞同的通过。为保证代表能够真实表达自己的意志，从七届全国人大一次会议开始，大会设立秘密写票处，代表可以根据自己的意愿，独立、自主作出决定。同时，为提高表决效率，1986 年六届全国人大常委会第

2003 年 3 月，十届全国人大一次会议上，使用智能电子票箱。智能电子票箱能容纳 1000 张选票，能快速读出各种选举数据，再将这些数据传输到后台的统计系统。（新华社记者　兰红光摄）

十五次会议、1990 年七届全国人大三次会议开始启用电子表决器，全国人大及其常委会的表决，除宪法修改、人事任免等法律有明确规定实行投票表决的事项外，一般使用电子表决器进行表决。这样做，还有利于保护投票人的民主权利，便于人大代表按照自己的意愿来投票。

### 延伸阅读　表决未能通过的公路法修正案

1999 年 4 月 29 日下午，九届全国人大常委会第九次会议表决公路法修正案草案，当时常委会组成人员 154 名，出席会议的 125 名常委会组成人员按下表决器。表决结果：赞成 77 票，反对 6 票，弃权

42票。根据《全国人民代表大会组织法》规定，常委会审议的法律案和其他议案，由常委会以全体组成人员的过半数通过。这次表决结果等于半数而没有超过半数，所以公路法修正案没有获得通过。

### （十）邀请有关人员列席会议，广泛听取意见建议

全国人大及其常委会所讨论决定的问题，都是国家的重大问题。为加强与有关部门、各地方的联系，更好地听取他们的意见，全国人大及其常委会积极邀请有关方面人员列席会议。全国人大召开会议时，“一府一委两院”、有关机关团体负责人可以列席会议。全国人大常委会召开会议时，有关国家机关负责人、专门委员会组成人员、常委会工作机构负责人、省级人大常委会负责人可以列席会议。近年来，还邀请了副省级城市人大常委会负责同志列席会议。此外，邀请全国人大代表列席会议已经成为常态。十届全国人大以来，全国人大常委会为代表依法履职创造条件，邀请列席常委会会议的全国人大代表，从原来的每次10名左右增加到50多名。列席人员在会前可以广泛听取意见，在会上充分发表意见，但没有表决权。

### （十一）做好服务保障，确保会议顺利召开

全国人大代表是全国人民代表大会的主体。为保障全国人大代表在全国人大会议上依法行使职权、保证大会圆满完成任务，大会设立秘书处，由大会秘书长和副秘书长组成，下设若干工作机构，负责联系协调、文件简报、议案建议、新闻报道、安全保卫、后勤保障等各方面工作。近年来，全国人大会议服务保障工作逐步走向制度化、规范化，为代表深入审议议案、充分表达意见提供了优质高效的服务。

为帮助代表全面了解掌握审议议题的相关情况，大会秘书处和有关部门每次会议都要为代表提供大量参阅材料。为便于各代表团之间交流意见，全国人大会议期间，代表在各种会议上的发言，整理形成简报印发会议。从2013年十二届全国人大一次会议开始，大会简报工作全面实行电子化，每次会议刊发简报近400期，120余万字，代表意见得到全面反映。为全面宣传大会进展和会议成果、展示代表风采，大会加大新闻报道力度，精心组织安排新闻发布会和记者招待会，开设“代表通道”、“部长通道”。贯彻落实中央八项规定及其实施细则精神，厉行勤俭节约，在加强安全保卫、做好后勤保障方面，也做了大量工作。

### 延伸阅读　设立“代表通道”

2018年3月5日，十三届全国人大一次会议开幕会前，首场“代表通道”在人民大会堂中央大厅开启，10位代表接受了中外记者集体采访。这是全国人大会议历史上第一次通过通道采访的形式讲述代表心声，展示代表风采。接受采访的代表由媒体和代表团结合会议热点问题推荐，涵盖不同地域、不同行业，大部分来自基层一线。这次会议期间，共有45位全国人大代表通过“代表通道”接受了媒体采访。

# 结　语

1954年9月15日，毛泽东同志在一届全国人大一次会议的开幕会上郑重宣示："我们有充分的信心，克服一切艰难困苦，将我国建设成为一个伟大的社会主义共和国。我们正在前进。我们正在做我们的前人从来没有做过的极其光荣伟大的事业。我们的目的一定要达到。我们的目的一定能够达到。"① 新中国成立70多年来特别是改革开放40多年来，中国共产党不忘初心、牢记使命，团结带领中国人民创造了世所罕见的经济快速发展奇迹和社会长期稳定奇迹，中华民族迎来了从站起来、富起来到强起来的伟大飞跃。今天，我们距离中华民族伟大复兴中国梦的目标比任何时候都更加接近，实现中国梦的信心比任何时候都更加坚定。

在中国这样一个人口众多、承受资源和环境较大压力的国家，如果没有一个强有力的好制度作为支撑和保障，怎么能够实现如此长期、快速、持续的发展？从一定意义上说，中国之治源于中国之制。前些年，我们讲到中国发展的巨大成就，更多关注的是经济社会发展和物质成就。事实上，中国的成就是全方位的，不仅有物质成就，还有道路、理论、制度、文化成就，这也是我们坚定"四个自信"的根

① 《毛泽东文集》第六卷，人民出版社1999年版，第350页。

源所在。中国特色社会主义的生动实践向世界说明了一个道理：治理一个国家，推动一个国家实现现代化，并不只有西方制度模式这一条道路，各国完全可以走出自己的道路来。中国的成功，用无可辩驳的事实宣告了“历史终结论”的破产，宣告了各国最终都要以西方制度模式为归宿的单线式历史观的破产。

课题成书之际，正值新冠肺炎疫情在全球肆虐之时。面对突如其来的疫情，以习近平同志为核心的党中央始终坚守人民至上、生命至上的理念，采取最全面、最严格、最彻底的防控举措，带领全党全军全国各族人民打响了疫情防控的人民战争、总体战、阻击战。中国抗疫的行动和成效，向全世界展示了中国力量、中国精神、中国担当，再次彰显了我国国家制度和国家治理体系的显著优势。

人民代表大会制度作为我国的根本政治制度，是中国特色社会主义制度的重要组成部分，是中国优势的重要体现。回望走过的路、远眺前行的路，我们可以更加清晰地看到，人民代表大会制度是符合中国国情和实际、体现社会主义国家性质、保证人民当家作主、保障实现中华民族伟大复兴的好制度。今天，在古老的中华大地上，这个保障 14 亿人民当家作主的根本政治制度正展现出巨大优越性，焕发出蓬勃的生机活力。我们坚定制度自信，首先要坚定对中国特色社会主义政治制度的自信、对人民代表大会制度的自信。

人民代表大会制度是个好制度，并不意味着它完美无缺。坚定制度自信，并不是要固步自封。邓小平同志曾经说过：“巩固和发展社会主义制度，还需要一个很长的历史阶段，需要我们几代人、十几代人，甚至几十代人坚持不懈地努力奋斗，决不能掉以轻心。”① 探索、

① 《邓小平文选》第三卷，人民出版社 1993 年版，第 379—380 页。

建立、巩固一项制度很不容易，让这个制度不断完善发展、更加成熟定型也需要付出艰辛的努力。人民代表大会制度只有在中国特色社会主义伟大实践中紧跟时代步伐，不断与时俱进，才能具有持久的生命力，才能把自己的特点和优势更加充分地发挥出来。

在新的每一天、每一时，关于人民代表大会制度的新故事、人民当家作主的新实践都在不断发生。面向未来，我们要始终不渝坚持走中国特色社会主义政治发展道路，坚持好完善好发展好人民代表大会制度，讲述好传播好人民代表大会制度的故事，不断书写人民当家作主的精彩篇章，让中国制度迸发出更加灿烂的光芒！

# 后 记

这本关于人民代表大会制度的通俗理论读物，是中宣部“四个一批”人才自主选题项目成果。全国人大常委会秘书长杨振武同志担任课题项目负责人并主持本书的编写工作，多次主持讨论本书的框架、内容，并对全书进行了审改。

课题项目的选择经过近一年时间的酝酿。2019 年 3 月 20 日，项目课题组召开第一次会议。大家在前期学习调研的基础上，围绕课题的主要内容、要解决什么问题、成果的形式、语言风格等展开了热烈讨论，确定了课题研究的方向。

在充分讨论、思想碰撞的基础上，课题组同志拟写了研究方案，提出了初步大纲。又经过认真研究、反复斟酌，把大纲基本确定下来，并进行了任务分工。2019 年 7 月，大家写出一个初稿，尽管稿子比较粗糙，但有了一个讨论修改的抓手。此后的大半年时间里，几经研讨，数易其稿。这期间，杨振武同志曾在全国人大代表培训班、中央党校（国家行政学院）中青班等多个场合作了关于“深入学习习近平总书记关于坚持和完善人民代表大会制度的重要思想，用制度体系保证人民当家作主”的专题报告，对课题研究的主题有了更深刻的认识和思考。全国人大常委会办公厅研究室主任宋锐、全国人大专职常委于志刚和课题组的同志都不断有新的研究成果，并精益求精，对书稿进行了反复打磨。比如，完善“党领导人民依宪执政依宪治国”一章，围绕人民当家作主这条主线，充实立法、监督、讨论决定重大事项、选举和决定任免等部分的内容，并在阐述理论的同时多讲故事，增加了不少延伸阅读的内容，等等。书稿力求在准确权威的基础上，能够突出重点，回应好社会公众对人民代表大会制度的关切，在叙事上力求深入浅出、生动活泼，让人读得进去、读得明白。

本书由宋锐、于志刚同志具体负责统稿。陈勇、黄朝椿、金晴中、杨学博、姬黎枭等同志参加了审改。各章节的执笔分工如下：第一章秦蓁；第二、六、七章李晓霞；第三章田威；第四、五章万其刚、魏腾飞；第八、十章施祖军、杨轶；第九章田威、许崇峰。孙琳琳、程旭等同志参与了资料收集工作。

北京市人大常委会、人民日报社、全国人大常委会法工委、全国人大常委会预算工委等单位的同志，以及法学界一些专家学者审阅了书稿，提出了许多好的意见建议，我们逐一研究、充分吸纳。人民出版社编辑也为本书的出版付出了辛勤的努力。在此，一并表示感谢。

人民代表大会制度的理论与实践是一个宏大的课题，值得深入研究和阐释。囿于本书篇幅，课题项目很多研究成果难以完整、详尽地展现。受课题组水平所限，本书也难免会有不足之处，还请读者不吝赐教。

课 题 组

2020 年 6 月

责任编辑：李之美
封面设计：石笑梦
版式设计：顾杰珍

**图书在版编目（CIP）数据**

人民当家作主：人民代表大会制度的运行和发展 / 《人民当家作主：人民代表大会制度的运行和发展》编写组 著 . — 北京：人民出版社，2020.11
ISBN 978 – 7 – 01 – 022636 – 1

I. ①人… II. ①人… III. ①人民代表大会制 – 研究 – 中国 IV. ① D621
中国版本图书馆 CIP 数据核字（2020）第 220861 号

**人民当家作主：人民代表大会制度的运行和发展**
RENMIN DANGJIA ZUOZHU
RENMIN DAIBIAO DAHUI ZHIDU DE YUNXING HE FAZHAN

本书编写组

人民出版社 出版发行
（100706 北京市东城区隆福寺街 99 号）

北京新华印刷有限公司印刷 新华书店经销

2020 年 11 月第 1 版 2020 年 11 月北京第 1 次印刷
开本：710 毫米 ×1000 毫米 1/16 印张：17.5
字数：210 千字

ISBN 978 – 7 – 01 – 022636 – 1 定价：58.00 元

邮购地址 100706 北京市东城区隆福寺街 99 号
人民东方图书销售中心 电话：（010）65250042 65289539